REALIDADE E ILUSÃO
EM MACHADO DE ASSIS

José Aderaldo Castello

REALIDADE E ILUSÃO
EM MACHADO DE ASSIS

2ª edição, revista

Ateliê Editorial

Copyright © 2008 by José Aderaldo Castello

Direitos reservados e protegidos pela Lei 9.610 de 19 de fevereiro de 1998. É proibida a reprodução total ou parcial sem autorização, por escrito, da editora.

1ª edição, Companhia Editora Nacional com colaboração da Edusp, 1969
2ª edição revista, Ateliê Editorial, 2008

Dados Internacionais de Catalogação na Publicação (CIP)
(Câmara Brasileira do Livro, SP, Brasil)

Castello, José Aderaldo
Realidade e ilusão em Machado de Assis / José Aderaldo Castello. – 2. ed. rev. – Cotia, SP: Ateliê Editorial, 2008.

ISBN 978-85-7480-410-1
Bibliografia.

1. Assis, Machado de, 1839-1908 - Crítica e interpretação 2. Assis, Machado de, 1839-1908 - Estudos I. Título.

08-10144   CDD-869.909

Índices para catálogo sistemático:
1. Literatura brasileira: História e Crítica   869.909

Direitos reservados à
ATELIÊ EDITORIAL
Estrada da Aldeia de Carapicuíba, 897
06709-300 – Granja Viana – Cotia – SP
Telefax: (11) 4612-9666
www.atelie.com.br
atelie@atelie.com.br

Printed in Brazil   2008
Foi feito depósito legal

Para minha filha,
CLARA LÚCIA

Catei, catei, catei, sem dar por explicação que bastasse. Mas eu já disse que é faculdade minha entrar por explicações miúdas.

Obras Completas, 1. ed., Aguilar, 1959, III, p. 789.

Não quero mal às ficções, amo-as, acredito nelas, acho-as preferíveis às realidades; nem por isso deixo de filosofar sobre o destino das coisas tangíveis em comparação com as imaginárias.

Idem, p. 639.

Um homem que passe por várias opiniões, e demonstre que só teve uma opinião na vida, esse é a perfeição buscada e alcançada.

Idem, p. 612.

Sumário

Prefácio – *Antonio Candido* 13

Introdução 17

1. A Veracidade do Escritor 25

2. Solo e Subsolo da Vida 51

3. Em Demanda de Ilusões 77

4. O Naufrágio das Ilusões 121

5. Alguma Coisa Escapa ao Naufrágio das Ilusões 143

6. A Perfeição Buscada e Alcançada 159

Bibliografia Essencial 179

Obras do Autor 185

Prefácio

A característica fundamental deste livro é o esforço para chegar a uma compreensão global de Machado de Assis. O pressuposto é que o gênero do romance constitui uma espécie de forma privilegiada para a realização do seu gênio, mas que os escritos de outra natureza se articulam solidariamente com ele, mostrando como a obra se constrói em vários planos, numa procura constante de plenitude.

Articulação é, aliás, palavra que se poderia considerar fundamental na atitude crítica assumida por José Aderaldo Castello, que mostra os vínculos estreitos entre obra e obra, gênero e gênero, fase e fase, e sobretudo entre os elementos que em cada escrito se arranjam para ordenar a sua estrutura. Assim, falando de afinidades entre *Helena* e *Memórias Póstumas de Brás Cubas*, encontra uma fórmula extremamente feliz para sugerir esta crítica de vinculações: "Mais uma vez, disseminam-se fermentos de obras da maturidade". A pesquisa mais interessante deste estudo é porventura a da disseminação de fermentos mostrando como a obra é uma fecundação constante de traços, que se ordenam numa constelação e que o grande escritor retoma, para explorá-los de novo. Estes traços formam uma rede, que permite a interpretação, quando captada.

Com muita pertinência, José Aderaldo Castello situa na base da sua reflexão as idéias críticas de Machado de Assis, o que se justifica porque elas podem ser decisivas para entender uma ficção permeada por inteligência tão poderosa. A este propósito, mostra com boas razões que Machado foi o maior crítico brasileiro do tempo e, logo a seguir, apresenta o cronista, o jornalista que exerceu a acuidade ou a graça no espetáculo quotidiano do mundo e é visto aqui em função da obra total, como subsídio de compreensão.

De modo geral este estudo procede ao que se poderia chamar uma reformulação do ponto de vista tradicional, que desde sempre distinguiu dois períodos na obra de Machado de Assis – uma anterior e outra posterior às *Memórias Póstumas de Brás Cubas*. José Aderaldo Castello aceita a tradição, mas reformula inteiramente o seu sentido, procurando, graças à mencionada crítica de articulações, indicar as continuidades e equivalências devidas à recorrência de temas e motivos, à persistência de truques e obsessões. Explorando esta posição teórica, tenta ver, ainda, as correlações dentro de cada período e de cada série de obras, indicando com originalidade vários arranjos temáticos e algumas famílias de escritos, que formam estruturas amplas dentro do conjunto da produção. Haja vista (como exemplo entre muitos) as observações pertinentes a propósito dos dois agrupamentos: "*Memórias Póstumas de Brás Cubas – Dom Casmurro – Quincas Borba*" (este "sublinhando" aqueles) e "*Esaú e Jacó – Memorial de Aires*", com o primeiro "sublinhando" igualmente o segundo.

Preocupado com a gênese e a estruturação dos temas, Castello rejeita explicitamente o enfoque biográfico, mesmo quando lembra a possibilidade de estabelecer ligações meramente externas entre fatos da vida e traços dos livros. O que propõe é uma explicação da obra através da própria obra, mesmo quando aponta o que ela representa como incorporação estética dos aspectos sociais. Resulta uma interpretação extremamente literária, que nos fecha no âmbito dos livros e nos obriga a aceitar os próprios termos sugeridos pelo grande escritor como matéria de reflexão sobre ele.

Além disso, Castello se preocupa com a intenção moral que lhe parece existir de maneira acentuada na obra de Machado de Assis. Isto é justo na medida em que procura mostrar como ele manifestava uma paixão constante pelo espetáculo da vida e os problemas do ser, em correlação estreita com o significado da conduta e as opções que a norteiam. Mas é menos justo quando reduz a sua paixão céptica dos valores a posições mais ou menos convencionais da moral corrente. Todos nós acatamos os bons sentimentos e procuramos tê-los; mas dificilmente eles constituem objeto de boa literatura, porque esta é em grande parte o esforço de os questionar e mostrar o seu outro lado. Foi o que fez o nosso maior escritor, e é talvez o que não ressalte com nitidez deste aspecto do livro.

Mas nele ressalta uma tensão reflexiva, um desejo de analisar e entender que se comunica ao leitor e o leva a aderir à busca, feita com tanto método, da *lei* oculta pelas correlações e vínculos que José Aderaldo Castello pesquisou com tanta oportunidade, num livro que marcará a bibliografia machadiana.

Antonio Candido
1969

Introdução

Machado de Assis é o escritor brasileiro que mereceu a maior soma de estudos especializados, de atenções da crítica e do leitor. Não é de estranhar que as opiniões e interpretações a que tem sido submetido sejam controvertidas, satisfatórias, parciais e até improcedentes. Em bom número, são reincidentes. Já em vida foi exaltado e foi negado, também mereceu ensaios equilibrados e esclarecedores. E na crítica dos seus contemporâneos, enraízam-se muitas idéias e orientações dos nossos dias, algumas ultrapassadas, outras revistas e ampliadas[1].

Deriva daqueles a preocupação que dá relevo ao conhecimento do homem, ou através da simples biografia informativa ou daquela que se reveste de compromissos psicológicos. De uma coisa e de outra, resultou a irresistível tentação de ressaltar-lhe as origens humildes, a condição de mestiço, a doença e a timidez. Segundo uns, teriam sido esses os motivos que afastaram

---

1. Ver sobre Machado de Assis: J. Galante de Sousa, *Bibliografia de Machado de Assis*, Rio de Janeiro, Instituto Nacional do Livro, 1955; e Jean-Michel Massa, *Bibliographie Descriptive, Analytique et Critique de Machado de Assis – 1957-1958*, tomo IV, Rio de Janeiro, Livraria S. José, 1965.

Machado de Assis de amigos, levando-o ao retraimento ou às atitudes reservadas. Ao escrever, teria chegado mesmo a riscar certa ou certas palavras. E há estudos em que a preocupação psicológica, ou analítica, é tão absorvente que o escritor propriamente dito e a obra por ele realizada ficam em plano inferior, vistos em função do homem, de suas particularidades e idiossincrasias. Segundo outros, os que se orientam pelas interpretações freudianas do homem e da obra literária, Machado de Assis refletiria desajustamentos e complexos, desviados para a megalomania.

Tanto no primeiro como no segundo caso, a intenção pode ser panegírica ou de restrições e até mesmo negativa. Por exemplo, na biografia comum e sincera, podemos vislumbrar a exaltação: o mestiço, que nasceu no morro, foi coroinha, tipógrafo, revisor, jornalista, funcionário público exemplar, casou-se bem, mereceu considerações de destaque, foi pelos seus confrades escolhido presidente perpétuo da Academia Brasileira de Letras. É o caso em que o homem, não o escritor, explica a obra. Por isso mesmo, entrevemos aí o perigo da vulgaridade, a insistência e as explicações banais e particularizadoras, que poderiam ferir o pudor, a sensibilidade, a inteligência de uma figura que, a despeito de tudo, avulta na sua grandeza humana. Ao demais, estamos convictos de que as qualidades de Machado de Assis só podem ser reconhecidas na sua própria obra, debaixo do mais rigoroso critério de aferição de intenções, recursos e valores que lhe são inerentes.

Contudo, não pretendemos condenar inteiramente a maior parte de uma bibliografia que de qualquer forma é útil e não pode deixar de ser revista pelos estudiosos. O que é condenável é a reincidência. Mas esta mesma tem sido silenciada ultimamente por uma ordem superior de estudos, baseada na investigação metódica e nas interpretações do que parece ser o sentido mais geral ou os propósitos fundamentais da obra do escritor. É uma esfera nova de cogitações, em que estão os ensaios de Eugênio Gomes, Afrânio Coutinho, José Barreto Filho, José Maria Belo, Gustavo Corção, Wilton Cardoso, Matoso Câmara, contando-se ainda as pesquisas bibliográficas de J. Galante de Sousa, além do que consta em modernas histórias literárias como a de Antonio Candido.

Além do que já tem sido repassado e feito modernamente, muita coisa ainda poderá ser vista ou refeita, até que se chegue à visão global e unitária da obra de Machado de Assis. É nesse sentido que pretendemos oferecer a nossa contribuição. Será pelo menos sincera e se possível imparcial na procura do pensamento do escritor. Se chegarmos a esquematizar a demonstração do título deste ensaio e conseqüentemente das três epígrafes selecionadas da obra de Machado de Assis, teremos cumprido de alguma maneira o nosso propósito. Fomos guiados passo a passo pela sua própria obra. No caso, a sugestão procede de Machado de Assis, através de reflexões do crítico, cronista e ficcionista.

Assim, o fundamento da nossa orientação advém da crítica literária que ele cultivou. É a propósito que extraímos daí a seguinte observação, feita sobre um drama de Antônio Mendes Leal:

> Não entro aqui na investigação da realidade dos fatos daquela peça. Não está isso nas atribuições da crítica-folhetim. Estou mesmo certo que, em geral, há alguma coisa do escritor nas suas obras capitais: muitas vezes as faces da criação são coradas com o próprio sentimento. Mas que vale isso aqui? Do alto destas páginas só conheço a obra e o escritor; o homem desaparece[2].

Vemos que ele se restringe à "crítica-folhetim", mas a reflexão pode ser generalizada e admitida como seguro critério de julgamento, notadamente se lhe acrescentarmos outra, agora a propósito de Joaquim Manuel de Macedo:

---

2. Machado de Assis, *Crítica Teatral*, Rio de Janeiro, Jackson, 1955, p. 97.

O autor declara que a história é verdadeira, que é uma história de ontem, um fato real, com personagens vivas; a ação passa-se nesta corte, e começa no dia de Reis do ano passado; assim, pois, é muito possível que os próprios personagens do *Culto do Dever* estejam lendo estas linhas. Pode a crítica apreciar livremente as paixões e os sentimentos em luta neste livro, analisar os personagens, aplaudi-los ou condená-los, sem ferir o amor-próprio de criaturas existentes? Realidade ou não, o livro está hoje no domínio do público, e naturalmente fará parte das obras completas do Sr. Dr. Macedo; o fato sobre que ele se baseia já passou ao terreno da ficção; é coisa própria do autor. Nem podia deixar de ser assim; a simples narração de um fato não constitui um romance, fará quando muito uma *gazetilha*; é a mão do poeta que levanta os acontecimentos da vida e os transfigura com a varinha mágica da arte. A crítica não aprecia o caráter de tais ou tais indivíduos, mas sim o caráter das personagens pintadas pelo poeta, e discute menos os sentimentos das pessoas que a habilidade do escritor[3].

Como salientaremos oportunamente, a sua crítica é fecunda em sugestões idênticas, que se enquadram dentro do mais rigoroso critério atual. De qualquer forma, admitimos que a orientação crítica é válida desde que apresente resultados ponderáveis em relação à compreensão e à valorização humana e estética da obra literária, sem omissão das suas implicações históricas. É assim que a lição de Machado de Assis, conjuntamente com a realização criadora, nos leva a admitir que o escritor pode explicar o escritor. Considerado o conjunto da obra – crítica, crônica, teatro, poesia, conto, romance e até mesmo correspondência – reconhecemos nela, cronologicamente, uma evolução equilibrada e perfeita, com entrosamento rigoroso de gêneros e de temas, convergindo para a sua mais legítima forma de expressão, o romance. E podemos admitir, coerentemente, a divisão da carreira literária do escritor em duas fases, notadamente se destacarmos o romancista. Foi o que ele mesmo reconheceu, dando razão a

---

3. Machado de Assis, *Crítica Literária*, Rio de Janeiro, Jackson, 1955, pp. 61-62.

José Veríssimo, quando este crítico ressaltou *Memórias Póstumas de Brás Cubas* como marco da passagem de experiências iniciais para a maturidade. O que achamos discutível é a classificação correspondente em fase romântica e fase realista. Para contestá-la, ou melhor, para reformulá-la, é fundamental a visão global a que nos propomos, embora o problema não seja objeto destacado das nossas cogitações e só repercuta de maneira saliente nas reconsiderações finais deste ensaio.

É certo que Machado de Assis, dada a preocupação do crítico literário, se voltou para problemas relacionados com o gosto da época. Demonstrou conhecer a doutrina dos românticos, realistas-naturalistas, parnasianos, bem como a lição dos clássicos. Soube orientar-se criticamente a si mesmo, no combate aos lugares comuns e aos excessos de uns e de outros, dos clássicos aos contemporâneos. Definiu-se, então, numa posição independente, mas de tal forma que a obra do ficcionista, com as qualidades que contribuem para a sua projeção na posteridade, apresenta todas as gradações do romance brasileiro do século XIX, inclusive o enraizamento histórico apoiado na tradição da língua.

É por tudo isso que empreendemos esse ensaio um tanto temerário, mas sem desejar fazê-lo pretensioso pelo fato de ser ostensivamente decalcado apenas na própria obra de Machado de Assis. Sem dúvida, muitos temas, muitos aspectos da obra aqui considerados, se forem tomados isoladamente, encontram antecedentes bibliográficos, com observações idênticas ou divergentes. Outros podem ser equacionados com cogitações filosóficas ou metafísicas, desde aqueles que são mais sedutores e constituem preocupações dominantes da crítica atual, como o riso, o tempo e a memória, até as investigações de fontes e as análises estilísticas. Rastreando uma trajetória com o objetivo de reconhecer a unidade de um pensamento ou de uma concepção de vida, tais apoios bibliográficos e aproximações nos levariam a discussões longas e imporiam a exclusividade de um desses temas. Não subsistiria o nosso intento. Mas achamos que ele se justifica preliminarmente pelo que é possível reconhecer no próprio Machado de Assis. Daí deriva o mais. E ficamos apenas no preliminar. Por outro lado, quase tudo o que dizemos vale como original para quem escreve. Uma ou outra das nossas opiniões já mereceram divulgação em pequenos artigos, ensaios ou introduções, e é natural que, fazendo parte do nosso corpo de idéias e orientação mais gerais, sejam aqui reformuladas[4].

A bibliografia resumidíssima, que juntamos ao final, representa a seleção que corresponde de uma maneira ou de outra à nossa interpretação, isto é, opondo-se ou confirmando. Mas estamos convictos de que a extensa bibliografia sobre Machado de Assis se reduz a uns tantos títulos essenciais.

Utilizamos o texto da edição Aguilar, em três volumes, cômoda e prática, e excepcionalmente a edição Jackson. Como acompanhamos passo a passo os textos machadianos, freqüente e indispensavelmente referidos e citados no próprio contexto geral deste ensaio, justificamos a nossa escolha, entre outras razões, para facilitar a reverificação do leitor. Contudo, cedendo a escrúpulos justos, cotejamos os passos citados com outras edições mais autorizadas. Nas chamadas para conferência do texto, indicamos

---

4. São as seguintes, essas publicações: "Ideário Crítico de Machado de Assis (Breve Contribuição para o Estudo de sua Obra)", *Revista de História*, São Paulo, jul.-set. 1952, ano III, n. 11, pp. 93-128; "Interpretações da Obra Machadiana", "Suplemento Literário" de *O Estado de S. Paulo*, São Paulo, 27.9.1958; "Machado de Assis e os Estilos Literários", "Suplemento Literário" de *O Estado de S. Paulo*, São Paulo, 25.10.1958; "Classificação da Obra de Machado de Assis", "Suplemento Literário" de *O Estado de S. Paulo*, São Paulo 15.11.1958; "Do Trágico em Machado de Assis", "Suplemento Literário" de *O Estado de S. Paulo*, São Paulo, 13.12.1958; *Machado de Assis – Crítica*, Rio de Janeiro, Livraria Agir Editora, 1959 (Coleção "Nossos Clássicos"); "O Teatro de Machado de Assis", "Suplemento Literário" de *O Estado de S. Paulo*, São Paulo, 25.4.1959; "Machado de Assis", *Aspectos do Romance Brasileiro*, Rio de Janeiro, MEC. – Serviço de Documentação, 1961; "Interpretação da Obra de Machado de Assis", *Ocidente* – Revista portuguesa mensal, Lisboa, jul. 1961, vol. LXI, n. 279, pp. 3-16.

simplesmente o número do volume e o da respectiva página de onde ele foi extraído; a primeira data indica a primeira edição da obra, e, quando for o caso, a segunda indica a divulgação esparsa, em revista ou jornal, do seu conteúdo parcial ou total.

1

A Veracidade do Escritor

I

J. Galante de Sousa dá a composição poética "Ela", de 1855, como primeiro trabalho publicado de Machado de Assis. Marca o momento em que ele principiou a colaborar no periódico de Paula Brito, *Marmota Fluminense*, ao qual esteve ligado até 1861. Ao mesmo tempo, iniciou-se e prosseguiu colaborando em outros jornais e revistas: *Correio Mercantil, O Paraíba, O Espelho, Diário do Rio, O Futuro, Jornal das Famílias, Gazeta de Notícias, Revista Brasileira*. Ofereceu-lhes uma colaboração variada: poesia, crônica, conto, comentários políticos, crítica literária, romance, mas nas atividades iniciais destacam-se a poesia e, em maior relevo, a crítica literária e teatral. É ainda na *Marmota Fluminense* que estréia como crítico, ao publicar, em 1858, o pequeno ensaio "O Passado, o Presente e o Futuro da Literatura". Datados de 1856, são os artigos "Idéias Vagas – A Poesia", "Idéias Vagas – A Comédia Moderna" e "Idéias Vagas – Os Contemporâneos – Mont' Alverne"[1].

Mas somente a partir de 1858 foi que se dedicou realmente ao comentário e julgamento de obras literárias, inclusive teatrais.

---

1. Cf. J. Galante de Sousa, *Bibliografia de Machado de Assis*, ed. cit., pp. 206-207.

Apareceu então, n'*O Espelho*, com a secção "Revista Teatral"; datou de 1860 um ensaio básico – "Idéias sobre o Teatro" – em que se lêem reflexões fundamentais sobre o gênero e a representação dramática; ainda neste ano principiou a publicar comentários sobre teatro na secção "Revista Dramática" do *Diário do Rio de Janeiro*, jornal em que, a partir de 1861, sob a indicação "Comentários da Semana", passaria a manter uma nova secção, de crônicas, crítica literária e teatral. Um pouco mais tarde, em 1866, ainda continuaria no jornal indicado com uma nova secção – "Semana Literária", de maneira mais assídua do que a anterior[2].

Não reconhecemos, portanto, rigorosa regularidade na atividade crítica de Machado de Assis, enquanto verificamos, com o decorrer do tempo, arrefecimento do entusiasmo dos primeiros passos da sua formação literária. Regular ou irregularmente, é certo que nos deu alguns ensaios esplêndidos, de admirável lucidez e compreensão do momento. É o caso da "Notícia da atual literatura brasileira – Instinto de nacionalidade", de 1873; da "Literatura realista – *O Primo Basílio*, romance do Sr. Eça de Queirós – Porto – 1878"; e da "Nova Geração", além de um sem-número de reflexões sobre o fato ou a criação literária. Nestes ensaios, e em tudo o mais que escreveu no gênero, ele se revela o nosso melhor crítico de fins do Romantismo para princípios do Realismo-Naturalismo. Impõe-se pelo seu equilíbrio e segurança, necessários à justa compreensão das preocupações nacionalizadoras da nossa literatura, do início do Romantismo. Foram também indispensáveis ao refreamento dos excessos de entusiasmo das gerações novas, em vigilância contra as manifestações transitórias, em particular as artificiais, dos estilos literários que então se debatiam.

No pequeno ensaio – "O Passado, o Presente e o Futuro da Literatura" –, primeiro balanço que fez do caráter e substância da

---

2. *Idem*, pp. 209, 210 e 211.

literatura brasileira, Machado de Assis ainda procede com a ênfase da imaturidade. Mas a compreensão do destino que aponta para a literatura, em parte reconhecendo opiniões anteriores, é o germe de pensamentos e atitudes futuras. Inicialmente, aceita algumas observações bastante conhecidas de Almeida Garrett sobre os antecedentes românticos da literatura brasileira, isto é, a ausência de sentimento nacional nos poetas arcádicos. São advertências que logo depois, conjuntamente com as de Ferdinand Denis, seriam retomadas por Gonçalves de Magalhães, embora o ensaísta não as mencione. Talvez não admitisse a originalidade destes dois últimos. O certo é que um problema agudo que eles sugeriram, e que foi do Romantismo, a saber, a característica indianista da nossa literatura, é contestada a propósito do *Uraguai*:

> [...] Sem trilhar a senda seguida pelos outros, Gama escreveu um poema, se não puramente nacional, ao menos nada europeu. Não era nacional, porque era indígena, e a poesia indígena, bárbara, a poesia do *boré* e do *tupã*, não é a poesia nacional. O que temos nós com essa raça, com esses primitivos habitantes do país, se os seus costumes não são a face característica da nossa sociedade?[3]

Sem dúvida, o jovem ensaísta merece restrições, particularmente se lembrarmos que ele mesmo se deixaria levar pela onda da poesia indianista. Mas o que importa é a atitude de contestação ao sentido mais geral, e também ao unilateral, estreitamente nacionalista, que alguns davam ao Romantismo entre nós, embora mergulhados, ao mesmo tempo, nos excessos da imitação francesa. E seria em conseqüência dessa atitude que Machado de Assis chegaria a apelar para compromissos da literatura, como diríamos hoje, procurando assim arejar as nossas letras:

---

3. Machado de Assis, *Obra Completa*, Rio de Janeiro, Aguilar, 159, III, p. 799.

No estado atual das coisas, a literatura não pode ser perfeitamente um culto, um dogma intelectual, e o literato não pode aspirar a uma existência independente, mas sim tornar-se um homem social, participando dos movimentos da sociedade em que vive e de que depende.

Esta verdade, exceto no jornalismo, verifica-se em qualquer outra forma literária. Ora, será possível que assim tenhamos uma literatura convenientemente desenvolvida? respondemos pela negativa[4].

Quanto ao equilíbrio do crítico e à sua preocupação de conter excessos, é preciso levar em conta o fato de ele haver iniciado a atividade crítica durante os últimos lampejos do Romantismo, um pouco antes das proclamações renovadoras do Realismo-Naturalismo. Mas conduziu-se sempre de maneira metódica e consciente, debaixo de uma autocrítica permanentemente vigilante, o que é fácil reconhecer na evolução ascendente e harmoniosa, conseqüentemente unitária de sua obra. A partir das impressões mais fortes do Romantismo, sob o qual surgiu, logo se iniciou no conhecimento das grandes figuras literárias brasileiras e das universais. Aos românticos, maiores ou menores, dedicou boa parte da crítica que escreveu, voltando-se igualmente para as estréias promissoras. Daí, talvez, as preocupações dominantes do comentarista: a renovação dos estilos, a linguagem e os modelos, relacionados com a preceptística tradicional, apresentando-se como um guia, um orientador que corrige e sugere, aprendendo ao mesmo tempo.

A sua atitude de superior humildade e segura convicção era desconhecida na época. A literatura brasileira estava mais ou menos viciada por processos falsos de julgamento. Infiltrava-se nela o elogio fácil, retribuído, a crítica polêmica freqüentemente em linguagem retórica, ou se permanecia simplesmente no noticiário. É certo que há exceções, notadamente na crítica histórica ou

---

4. Ed. cit., III, p. 801.

na história literária e até mesmo na crítica militante. Podemos lembrar, no último caso, a figura de Antônio Joaquim Macedo Soares e do estreante José de Alencar. Mas, em geral, os jornais e revistas que aparecem repletos de notícias, desde o *Correio Brasiliense*, nos dão aquela impressão de uma crítica vazia, sem contar a ausência da crítica militante, fecunda, regular e prestigiosa. Cabe assim a Machado de Assis a preocupação inicial com a atividade crítica regular, capaz de apreciar as obras literárias com isenção de ânimo, com imparcialidade, livre de sectarismo, de antipatias ou simpatias pessoais. A crítica que de fato orientasse o leitor e oferecesse ao escritor sugestões positivas. Em suma, a crítica cujos princípios e objetivos ele vem a definir no "Ideal do Crítico" e nas "Idéias sobre o teatro", e que passaria a exercer com dignidade e conhecimento e, segundo nos parece, revertida sobretudo em proveito do próprio crítico. E como ele visa à criação literária, às idéias estéticas que ela nos comunica, às discussões sobre estilo, princípios de preceptística tradicional, novos fundamentos de uma teoria literária, tudo se faz indispensável ao estudo da sua própria obra. Igualmente nos esclarece, em limites mais amplos, o momento de transição que viveu do Romantismo para o Realismo-Naturalismo e a medida dos valores que conheceu e sobre os quais meditou.

Vejamos assim, primeiramente, a sua orientação como crítico. Machado de Assis pode ser definido, tanto pela atitude teórica que assumiu quanto pelo exercício da atividade, um crítico escrupuloso, idôneo, intelectualmente capacitado. Coloca-se na posição difícil de quem pretende dedicar-se à crítica militante de natureza orientadora e imparcial, num momento, conforme acabamos de dizer, em que ela lhe parecia exercida por incompetentes. A gratuidade do julgamento crítico impedia, conforme pondera no "Ideal do Crítico", a boa orientação indispensável a jovens poetas e escritores em geral. Era necessário, portanto, que a crítica se impusesse para o justo reconhecimento dos valores, ou do talento e da capacidade criadora de cada um. Quais os estímulos exteriores ao aparecimento de uma obra de projeção e como seria possível reconhecê-la e consagrá-la? Qualquer que fosse a situação, sobretudo pouco propícia à mais fecunda atividade criadora, naquele momento, essa poderia ser corrigida com o cultivo da crítica nobre e profunda, elevada e séria, sem ódio, mas também sem camaradagem ou indiferença, as três chagas, como ele apontou, da crítica de então. Que imperassem a sinceridade, a solicitude e a justiça.

Uma das condições primordiais do crítico, para Machado de Assis – e falemos em tempo presente – é o cultivo da "ciência literária", com recursos que contenham os impulsos da imaginação. Porque crítica é antes de tudo análise. Com este instrumento, o crítico deve apreender na obra literária "o sentido íntimo, aplicar-lhe as leis poéticas, ver enfim até que ponto a imaginação e a verdade conferenciaram para aquela produção"[5]. Meditada, a crítica deve exprimir a ciência e a consciência do crítico. E é preferível não exercê-la se lhe falta convicção sincera e fundamental, probidade e imparcialidade. Coerência e independência colocam o crítico acima do pessoalismo, na posição que lhe permite o mais exato reconhecimento do valor da obra de mérito ou a insuficiência da obra inferior. A tolerância subscreve o juízo equilibrado, principalmente no caso de filiações em estilos ou correntes literárias que não sejam da preferência pessoal do crítico. Finalmente, exigências mínimas de urbanidade, a delicadeza, a distinção no realçar ou no censurar, e mais a virtude da perseverança, completam o "ideal do crítico", conforme Machado de Assis. É ainda ele quem pondera que a crítica assim orientada e praticada é realmente útil, favorável, na situação geral da época – e sem

5. Ed. cit., III, pp. 812-814.

dúvida ainda hoje – à mais fértil e elevada criação literária. Para os jovens estreantes, será um guia esclarecedor do verdadeiro sentido e substância da arte.

É evidente que Machado de Assis não arquitetou uma teoria da crítica literária. Não deve ter sido este o seu propósito. Pretendeu, certamente, expor de maneira sistemática idéias sobre as qualidades e a função do crítico, num ensaio de orientação, embora com certa preocupação de doutrina. E escreveu, nos termos indicados, para atender à necessidade do momento, ou seja, revigorar a crítica brasileira. De qualquer forma, surpreendemos no seu processo crítico alguns lugares comuns, embora inevitáveis na atividade crítica: a análise, a quase dissecação do conteúdo, em particular do entrecho ou enredo da obra de ficção, se fosse o caso. Admite-se, por exemplo, uma situação como humana e verossímil, outra como artificial ou impossível ou arranjo para salvação da unidade da obra. Independentemente das limitações de estilos, considera-se que tudo pode ser motivo, tema ou assunto da criação literária ou artística. Apenas, entre o que é real e o que é arranjo falso, é preciso que se distinga o verídico. É o que permite ao crítico o reconhecimento do valor humano e social da obra, em favor da coerência da criação.

Sem generalizarmos de maneira absoluta, reconhecemos em Machado de Assis, da crítica ao ato criador, a investigação do pensamento e do sentido humano e social da obra literária, como expressão de sensibilidade e de inteligência. Adquire importância, para ele, por isso mesmo, que seja delineada a marcha evolutiva da obra total do escritor estudado, acompanhando-lhe o pensamento e a concepção, apontando no conjunto as características particulares de cada produção de relevo, procurando surpreender as suas múltiplas ou singulares intenções. O estudo da trajetória da formação do autor, bem como o conhecimento do seu momento histórico são por si mesmos indispensáveis, esclarecem as qualidades estilísticas e estéticas da obra apreciada. Chega-se, em última análise, à crítica de julgamento que se faz interpretativa e orientadora, enquanto o impressionismo, inevitável, é neutralizado em suas possíveis investidas contra o bom gosto, a coerência e a justeza.

Surpreendemos, assim, no pensamento crítico de Machado de Assis, observações fundamentais para a interpretação da sua própria obra. Destacadamente, reflexões sobre estilos literários, sobre ficção ou sobre a linguagem, entre tantas outras. Nesse sentido, um dos pontos mais altos da crítica machadiana são as considerações que ele faz sobre as relações do escritor com o momento, com a escola ou o estilo literário predominante, ao mesmo tempo que se colocam em evidência as ligações da obra de arte com a vida. A base do pensamento do crítico repousa na valorização da herança espiritual que é sempre transmitida a cada geração que se sucede, como legado de conquista de valores que não podem ser desprezados ou ignorados. Com esse propósito, chega a fazer reflexões lúcidas e equilibradas perenemente válidas:

> [...] A nova geração chasqueia às vezes do Romantismo. Não se pode exigir da extrema juventude a exata ponderação das coisas; não há impor a reflexão ao entusiasmo. De outra sorte, essa geração teria advertido que a extinção de um grande movimento literário não importa a condenação formal e absoluta de tudo o que ele afirmou; alguma coisa entra e fica no pecúlio do espírito humano. Mais do que ninguém, estava ela obrigada a não ver no Romantismo um simples interregno, um brilhante pesadelo, um efeito sem causa, mas alguma coisa mais que, se não deu tudo o que prometia, deixa quanto basta para legitimá-lo. Morre porque é mortal. "As teorias passam, mas as verdades necessárias devem subsistir." Isto que Renan dizia há poucos meses da religião e da ciência, podemos aplicá-lo à poesia e à arte. A poesia não é, não pode ser eterna repetição; está dito e redito que ao período espontâneo e original sucede a fase da convenção e do processo

técnico, e é então que a poesia, necessidade virtual do homem, forceja por quebrar o molde e substituí-lo[6].

O crítico reconhece, implicitamente, a necessidade da substituição das teorias e formas literárias. São mudanças inevitáveis que exprimem, em condicionamentos novos, os ideais ou o espírito de cada época. Mas cada momento oferece ou pode oferecer os seus grandes modelos, como afirmações de originalidade criadora, que se fazem permanentes. Não se deixando limitar pelo aprisionamento ao presente nem desprezando os contactos com o passado, eles se projetam no futuro, com o vigor de valores sempre atuais. Renovam-se, porque harmonizam a experiência transmitida com a originalidade fecunda. O mesmo acontece, por extensão, com certas formas literárias. A tragédia jamais perecerá: se apresenta diferenças acentuadas de Sófocles ou Eurípides para Shakespeare, Corneille ou Racine e, avançando mais no tempo, até Ibsen, Pirandello, Anouilh ou Eliot, ela é substancialmente a mesma. De novo cabe outra reflexão de Machado de Assis, em que ele acentua, na criação artística, o essencial e o eterno como expressão do espírito e do destino humanos. E, se esses elementos são alterados nos seus aspectos exteriores, não o são, porém, na sua substância universal: "[...] há alguma coisa que liga, através dos séculos, Homero e *Lord* Byron, alguma coisa inalterável, universal e comum, que fala a todos os homens e a todos os tempos"[7].

Sugere-se então, implicitamente, o reconhecimento das qualidades que caracterizam a originalidade e correspondente universalidade de um escritor, aquilo que o transforma em modelo de todos os tempos e de todas as gerações. Não é possível igno-

6. Ed. cit., III, p. 823.
7. Ed. cit., III, p. 924.

rá-lo sem prejuízo para o enriquecimento progressivo da criação artística.

Se cada época nos oferece o seu estilo – harmonização de ideais de vida com formas de expressão – o certo é que a dívida ao passado se faz tanto relativamente aos temas quanto à linguagem. Do ponto de vista da linguagem, por exemplo, mesmo os grandes escritores, em qualquer época, devem aproveitar adequada e conscientemente a tradição da língua, reconhecida através dos seus modelos consagrados:

> [...] estudar-lhes as formas mais apuradas de linguagem, – escreve Machado de Assis –, desentranhar deles mil riquezas, que, à força de velhas se fazem novas, – não me parece que se deva desprezar. Nem tudo tinham os antigos, nem tudo têm os modernos; com os haveres de uns e outros é que se enriquece o pecúlio comum[8].

É verdade que o crítico deu igual importância a todos os componentes da obra literária, externos e internos. Mas as excelentes qualidades da linguagem, como expressão de estilo individual e da tradição vernácula, foi uma preocupação constantemente vigiada e apurada deste escritor. Entendia-a contemporânea em respeito às qualidades clássicas. Equivale a dizer, procurava descobrir nos clássicos o sentido da permanente contemporaneidade, para melhor reconhecimento do espírito e da índole da língua.

No sentido de harmonizar os componentes da obra literária, Machado de Assis sempre exigiu a forma perfeita e vernácula a serviço da mais exata expressão de um conteúdo elevado. E para ele, conteúdo elevado era aquele que, evitando a vulgaridade, as minúcias ou os pormenores desnecessários, se apresentasse de acordo com uma verdade moral ou com um ideal de comunicação. A emoção e a sinceridade, estas sobretudo, correspondentes à verdade subjetiva, reforçariam a unidade substancial da obra.

---

8. Ed. cit., III, p. 822.

Para o escritor atingir tal ideal de arte, uma vez consciente de sua missão ou do seu talento, mas com a moderação e o bom senso da autocrítica, só restaria o caminho do trabalho paciente e metódico, infenso às expansões auto-suficientes. O tempo, isto é, a experiência proficientemente acumulada, completaria o resto.

Note-se sempre presente o compromisso do escritor com a época. Machado de Assis ressaltaria mesmo, como exigência a ser imposta pelo crítico, essa do escritor fazer-se "homem do seu tempo e do seu país, ainda quando trate de assuntos remotos no tempo e no espaço"[9]. Porque é o sentimento interior do próprio país, em comunhão com a capacidade do escritor de apreender e comunicar ao mesmo tempo o contemporâneo e o universal da natureza humana, que o tornam figura expressiva do seu povo, da sua época e da humanidade. Subestima, por isso mesmo, os "localismos", os "tipismos", os valores transitórios ou circunstanciais, que se deixam superar sem marcas, ou que limitam e tornam efêmera a obra de arte. Mas se é indispensável, conjetura o crítico, que o escritor, "para ser do seu tempo e do seu país, reflita uma certa parte dos hábitos externos, e das condições e usos peculiares da sociedade em que nasce", por sua vez a qualidade da obra de arte requer "que o poeta aplique o valioso dom da observação a uma ordem de idéias mais elevadas"[10]. Em outras palavras, é indispensável que o escritor traduza algo da substância universal da natureza humana, em qualquer situação enfrentada, ao mesmo tempo que saiba ser de seu povo e de sua época sem que este compromisso sobrepuje ou restrinja aquela universalidade da criação artística. Fuja, então, à vulgaridade, à reprodução da vida pela reprodução da vida, ao documentário que dá relevo a fatos acessórios, fortuitos ou acidentais e que despertam quando muito

9. Ed. cit., III, p. 817.
10. Ed. cit., III, p. 882.

o interesse da curiosidade. Daí a conhecida restrição de Machado de Assis aos processos realistas em voga, conforme as críticas que escreveu aos dois primeiros romances de Eça de Queirós.

Evidentemente, ele não poderia aceitar o Realismo-Naturalismo em todo o seu fundamento ou extensão. Aceitaria o princípio estético básico do Realismo, segundo o qual nenhum motivo é proibido em arte, mas não reconheceria os processos da sua aplicação. Nos mesmos termos, consideraria extremamente limitada a teoria do Naturalismo, ainda que se entreveja no próprio Machado de Assis sugestões do determinismo do século XIX. Nesse caso, a sua posição fica muito bem esclarecida pela seguinte restrição a propósito de Eça de Queirós:

> [...] Não se conhecia no nosso idioma aquela reprodução fotográfica e servil das coisas mínimas e ignóbeis. Pela primeira vez, aparecia um livro em que o escuso e o – digamos o próprio termo, pois tratamos de repelir a doutrina, não o talento, e menos o homem – em que o escuso e o torpe eram tratados com um carinho minucioso e relacionados com uma exação de inventário[11]:

E isto depois de haver escrito, com a mesma preocupação de censurar: "O realismo não conhece relações necessárias, nem acessórias, sua estética é o inventário"[12].

Chocam-lhe profundamente a atitude dos realistas, a indiferença deles tanto à verdade interior quanto à objetiva. O contrário é para Machado de Assis a pedra de toque de compreensão do homem e da existência. Daí a censura que nos parece fundamental, ao segundo romance de Eça de Queirós, *O Primo Basílio*, formulada com irritação:

> [...] Se escreveis uma hipótese dai-me uma hipótese lógica, humana, verdadeira. Sabemos todos que é aflitivo o espetáculo de uma grande dor fí-

---

11. Ed. cit., III, p. 914.
12. Ed. cit., III, p. 839.

sica; e, não obstante, é máxima corrente em arte, que semelhante espetáculo, no teatro, não comove a ninguém; ali vale somente a dor moral. Ora bem; aplicai esta máxima ao vosso realismo, e sobretudo proporcionai o efeito à causa, e não exijais a minha comoção a troco de um equívoco[13].

E chegaria ao extremo de afirmar que "[...] a realidade é boa, o realismo é que não presta para nada"[14].

Mas não ficam aí as restrições a princípios estéticos e morais e a processos técnicos e expressivos correspondentes do Realismo-Naturalismo e até do Romantismo. Nesse sentido é importante que interpretemos a concepção de romance em Machado de Assis. Certamente ela não é formulada *ex-abrupto*, mas resulta de uma experiência que se desdobra até *Memórias Póstumas de Brás Cubas*, quando eclode a maturidade do escritor. Não poderia ser de outra maneira. Estudaria os grandes mestres da literatura universal, enquanto reagiria à pressão da atitude dominante de românticos e realistas, considerada naturalmente como denominador comum.

No seu momento, o que predominava na concepção do romance era a esquematização do enredo, a composição de uma tessitura dramática apoiada numa história com princípio, desenvolvimento e fim. Estabelecia-se relação de causa e efeito na seqüência de fatos e situações. Ainda que estes fossem distanciados na sua disposição cronológica, apresentavam-se presos a espaço e tempo determinados. A ambientação e o clima das situações e reações configuravam-se objetivamente, com poder sobrepujante e limitador. No caso romântico ou no realista avultavam o homem e o seu comportamento equacionados com a sociedade ou com o meio. Dava-se assim excessivo relevo tanto à paisagem física quanto à paisagem social, donde a acentuada preocupação

13. Ed. cit., III, p. 917.
14. Ed.cit., III, p. 842.

documentária e mesmo o interesse sociológico que nos oferece o romance do século XIX.

Não se alcançava, portanto, salvo as grandes e originais exceções, o sentido da investigação do homem, de sua existência ou do seu destino. O que se esboçasse nessa diretriz era amortecido pelo depoimento ou pela ênfase dada ao conflito entre homem e sociedade: entre as aspirações sentimentais e os valores e instituições vigentes, como veremos acentuadamente entre os românticos. Ou a expansões dos instintos, sobretudo no plano do comportamento sexual, sob estímulos do meio e do momento, em reações elementares, conforme o procedimento predominante de realistas e naturalistas. Num caso e noutro, excepcionalmente se chegava ao esboço do personagem cujas relações humanas pudessem ser o reflexo, substancial, da totalização de uma realidade e de uma verdade interior exclusivas. Concebe-se o protagonista em face de situações esquematizadas ou como estereótipo de relações e conflitos humanos e sociais. No Romantismo, principalmente durante as primeiras manifestações do romance, o protagonista biparte-se nas categorias de herói e vilão, ou do bem e do mal, convergindo para a justiça punitiva e reparadora. Também exprime a fuga da aspiração sentimental ao pressionamento da sociedade, ou carrega consigo – no caso de investir contra a sociedade – um potencial reparador e reabilitador sobre o poder de forças corruptoras. No Realismo-Naturalismo, o protagonista freqüentemente se reduz a um títere, sem apreciável autonomia, negando ou omitindo a pessoa moral.

As primeiras reflexões de Machado de Assis sobre romance, apreciando obras românticas ou realistas, já trazem, em relação à generalização que propomos, o germe de uma compreensão nova do gênero, a qual se aplica à sua própria obra de ficcionista e com ela evolui. Ainda em tributo ao Romantismo, pensaria no romance como a fusão do "estudo das paixões humanas aos toques delicados e originais da poesia"[15]. Não condenaria as peripécias da narrativa, mas exaltaria, por outro lado, a ação simples cujo interesse derivasse dos caracteres. E afirmaria, amadurecendo o seu pensamento: "[...] O drama existe, porque está nos caracteres, nas paixões, na situação moral dos personagens: o acessório não domina o absoluto; é como a rima de Boileau: *il ne doit qu'obéir*"[16].

Não aceitou "[...] a substituição do principal pelo acessório, a ação transplantada dos caracteres e dos sentimentos para o incidente, para o fortuito"[17], e por isso insistiu em que a análise de paixões e caracteres é "[...] na verdade, uma das partes mais difíceis do romance, e ao mesmo tempo das mais superiores. Naturalmente exige da parte do escritor dotes não vulgares de observação, que, ainda em literaturas mais adiantadas, não andam a rodo nem são a partilha do maior número"[18].

E ele chegaria assim à concepção do personagem como uma realidade autônoma, válido por si mesmo, isto é, reconhecido nos limites do seu próprio mundo. Daí a substituição do processo dedutivo do seu equacionamento com um esquema dramático preestabelecido, pelo processo indutivo ou analítico, ao mesmo tempo que, conseqüentemente, é alimentada a ação. Esta, em outras palavras, é reflexo da realidade interior e do caráter do personagem analisado e aproximado, em termos de relações humanas e sociais, de outros caracteres distintos, igualmente analisados. Tendo tomado como ponto de partida a confrontação do humano com o social, verificamos, todavia, que a análise na obra machadiana cada vez mais tende a eliminar ou a reduzir o social para o maior aprofundamento do humano. O reconhecimento

15. Ed. cit., III, p. 859.
16. Ed. cit., III, p. 920.
17. Ed. cit., III, p. 920.
18. Ed. cit., III, p. 818.

dessa marcha evolutiva é o que nos leva a conceituar nos termos propostos o romance de Machado de Assis. Pesam grandemente, no seu amadurecimento, as idéias críticas e estéticas que ele cultivou. Aplicadas às leituras que fez e à própria obra em geral – crônicas, conto, romance, teatro e até poesia e correspondência, – progressiva e seguramente enriquecidas, esclarecem a seleção, unificação e aprofundamento dos temas preferidos.

II

A fase intensa das preocupações teatrais de Machado de Assis estende-se de 1860 a 1870 e reveste-se de caráter experimental. Enquadra-se no desejo generalizado de afirmação do teatro nacional, durante o Romantismo, desde Gonçalves de Magalhães, Martins Pena e do ator João Caetano. É um momento em que o gênero passa por efervescente atividade crítica e criadora, com amplas repercussões, até fins do século XIX e princípios do século seguinte, de maneira a absorver a atenção de todos. Nesse quadro, Machado de Assis age com seguras convicções, discutíveis ou não, mas de maneira a contribuir positivamente para definir a consciência crítica do significado e do destino do teatro.

A sua primeira experiência dramática é datada de 1860, com *Hoje Avental, Amanhã Luva* – "comédia imitada do francês", sendo de dois anos antes o início do exercício da crítica teatral. Desde quando se fez responsável pela secção "Revista de Teatros" n'*O Espelho*. Esboça, então, em "Idéias sobre o Teatro", de 1859, uma verdadeira "profissão de fé". Neste pequeno ensaio, pretendendo combater a crise que já ameaçava o destino do teatro no Brasil, apresenta algumas sugestões interessantes para melhorar e elevar as condições da nossa atividade dramática: o efetivo estímulo às vocações legítimas; a existência de uma dramaturgia capaz e enobrecedora; o trabalho de educação artística das platéias. Considera "o teatro como um canal de iniciação", e pondera, fazendo eco a idéias do romantismo social:

[...] O jornal e a tribuna, são os outros dois meios de proclamação e educação pública. Quando se procura iniciar uma verdade busca-se um desses respiradouros e lança-se o pomo às multidões ignorantes. No país em que o jornal, a tribuna e o teatro tiverem um desenvolvimento conveniente – as caligens cairão aos olhos das massas; morrerá o privilégio, obra de noite e da sombra; e as castas superiores da sociedade ou rasgarão os seus pergaminhos ou cairão abraçadas com eles, como em sudários.

E assim, sempre assim; a palavra escrita na imprensa, a palavra falada na tribuna, ou a palavra dramatizada no teatro, produziu sempre uma transformação. É o grande *fiat* de todos os tempos.

Há porém uma diferença: na imprensa e na tribuna a verdade que se quer proclamar é discutida, analisada, e torcida nos cálculos da lógica; no teatro há um processo mais simples e mais ampliado; a verdade aparece nua, sem demonstração, sem análise.

Diante da imprensa e da tribuna as idéias abalroam-se, ferem-se, e lutam para acordar-se; em face do teatro o homem vê, sente, palpa; está diante de uma sociedade viva, que se move, que se levanta, que fala, e de cujo composto se deduz a verdade, que as massas colhem por meio de iniciação. De um lado a narração falada ou cifrada, de outro a narração estampada, a sociedade reproduzida no espelho fotográfico de forma dramática[19].

E, num desdobramento de tais reflexões, observaria a mais:

[...] O teatro é para o povo o que o *Coro* era para o antigo teatro grego; uma iniciativa de moral e civilização. Ora, não se pode moralizar fatos de pura abstração em proveito das sociedades; a arte não deve desvairar-se no doido infinito das concepções ideais, mas identificar-se com o fundo das massas; copiar, acompanhar o povo em seus diversos movimentos, nos vários modos da sua atividade[20].

Como arte, voltado para as massas, o teatro é uma grande força civilizadora: assinala "como um relevo na história as aspira-

19. Ed. cit., III, p. 807.
20. Ed. cit., III, p. 804.

ções éticas do povo", aperfeiçoando-as e conduzindo-as "para um resultado de grandioso futuro"[21].

Ao considerar particularmente uma das funções da peça teatral, mas sempre em harmonia com as suas observações mais gerais, Machado de Assis esclarece que "a moralidade de uma obra consiste nos sentimentos que ela inspira", naturalmente em relação aos costumes, aos valores da sociedade que retrata. Sem ser passatempo, a peça teatral tem aquela função corretiva, apoiada numa regra básica, segundo a qual o efeito se dá antes por impressão do que por demonstração. Se "o contraste é frisante" numa situação ou no todo da peça, "a moralidade nasce da situação, sem necessidade de comentários"[22].

Também deixou reflexões explícitas sobre a tragédia, sobre o drama – em que reconhecia "o fim puramente da arte e o efeito filosófico" – e sobre a comédia. Deteve-se sobretudo na apreciação desta última, talvez por motivo de experiências pessoais, atribuindo-lhe princípios e definições que derivam da escala de idéias gerais, a que nos referimos. Distingue-a nas três formas tradicionais ou dominantes, a comédia de caracteres, a de costumes e a de enredo, dada a primeira como a mais difícil. Todas elas, porém, exigem a invenção para a trama, a erudição para a pintura do tempo, passado ou presente, e a observação para a análise dos caracteres. Em qualquer caso, condena a sátira e o burlesco, reconhecendo que "nem uma nem outra exprimem a comédia"[23]. Chega mesmo a admiti-la "chistosa sem ser burlesca, frisante sem ser imoral", contanto que seja "um desenho completo de caracteres, uma reprodução graciosa de fatos que se dão na vida social". Se se deseja atingir a esfera da "alta comédia", que seja ela a

---

21. Ed. cit., III, p. 808.
22. Ed. cit., III, pp. 804, 805, 891.
23. Ed. cit., III, p. 897.

"comédia de caráter"[24]. Talvez por isso não tolerasse a ênfase e o esclarecimento de situações já por si cômicas. Caso contrário, não só o autor exerceria uma intervenção direta como cairia na sátira e na moralização dirigida, tirando da peça o que deve ser natural, em energia e efeito[25].

Quanto às intenções e aos processos criadores de Machado de Assis, é curioso relembrar a sua conhecida carta a Quintino Bocaiúva, datada de 1862(?), da qual extraímos o seguinte trecho:

> [...] Se a minha afirmação não envolve suspeitas de vaidade disfarçada e mal cabida, declaro que nenhuma outra ambição levo nesses trabalhos. Tenho o teatro por coisa mais séria e as minhas forças por coisa muito insuficiente; penso que as qualidades necessárias ao autor dramático desenvolvem-se e apuram-se com o trabalho; cuido que é melhor tatear para achar; é o que procurei e procuro fazer.
>
> Caminhar destes simples grupos de cenas à comédia de maior alcance, onde o estudo dos caracteres seja conscencioso e acurado, onde a observação da sociedade se case ao conhecimento prático das condições do gênero – eis uma ambição própria de ânimo juvenil e que eu tenho a imodéstia de confessar[26].

A verdade é que Machado de Assis se revelou um excelente crítico teatral, embora o mesmo não aconteça com o criador. Mas é sabido, igualmente, que ter formação teórica e capacidade para julgar não implica possibilidade de criação, menor ou maior. Mesmo assim, quaisquer que sejam as restrições – e não são muitas – ele desejou oferecer ao seu momento uma colaboração completa, sempre criticamente consciente, de maneira a se fazer orientadora. Dedicou-se ao teatro, na fase indicada, com visíveis intenções de cultivá-lo até à perfeição possível. Permane-

24. *Idem, ibidem.*
25. Ed. cit., III, pp. 897, 898, 899.
26. Ed. cit., III, p. 1043.

ceu, porém, apenas na fase experimental, escrevendo a pequena comédia, de um ato, às vezes duas partes. São elas constituídas de cenas curtas, rápidas e rigorosamente essenciais à composição de pequenos quadros que expõem uma conjuntura afetiva ou demonstram uma idéia, como ele mesmo diria, ou delineiam matrizes de valores no quadro da sociedade da época. De tal forma, se os caracteres e a ação apresentam implicações com o contexto sugerido, rigorosamente eles existem e subsistem em função ou na íntima dependência do espírito e da intenção do autor. Exibem, de maneira ainda imatura, certos aspectos fundamentais do seu próprio talento de analista e expositor, sublinhados pelo riso leve.

São as qualidades pessoais de Machado de Assis, e evidentemente a sua formação, que o levam, nas comédias que escreveu, de encontro à pieguice romântica, aos "retratos estafados do romantismo". Como ele diria, marcados pelo drama sentimental e intencionalmente comovedor, ou pelo riso totalmente destituído de sutilezas. Eis talvez porque tenha dado preferência à comédia ligeira e curta, avessa aos abalos sentimentais, conseguindo imprimir-lhe as qualidades almejadas: risonha e leviana "como nos salões" elegantes da época. É o que nos parece melhor caracterizar as suas pequenas comédias: *Desencantos* (1861), *O Caminho da Porta* (1862), *O Protocolo* (1862), *Quase Ministro* (1862), *Os Deuses de Casaca* (1866), *Não Consultes Médico* (1896), *Lição de Botânica* (1906), exceção do pequeno drama histórico, inspirado nos amores de Camões – *Tu Só, Tu, Puro Amor...*, de 1881.

Tomemos como exemplo a primeira das comédias indicadas, na qual reconhecemos os mesmos fundamentos dominantes nas demais, já apontados: em geral divididas em duas partes e focalizando a vida sentimental ou mesmo conjugal. Mas não chegam às últimas conseqüências, procuram antes de tudo amparar a vida afetiva, com um esquema de situação criticamente composto e implicitamente censurado. Às vezes, o esquema é triangular, às vezes se compõe de pares que se entrecruzam nos "jogos de amor". Mas há sempre uma figura conciliadora, para esclarecer equívocos, harmonizar convenientemente a vida matrimonial, e proporcionar a punição dos atos levianos, pelo ridículo ou pela decepção.

Em *Desencantos*, apresenta-se a viúva visitada com freqüência e requestada por dois pretendentes. O portador de bons sentimentos é o preterido. Viaja, cura o seu mal e retorna. Para decepção da viúva, já em segundas núpcias, mas que desejava continuar a ser alvo de seus galanteios, ele se casa com a filha que ela tivera do primeiro matrimônio. *O Caminho da Porta*, por sua vez, fixa de maneira mais intencional a leviandade da mulher, dada ao prazer do galanteio, em situações comprometidas ou comprometedoras. É o caso de uma viúva que alimenta simultaneamente três galanteadores, todos bem intencionados. Ao reconhecerem a sua fraqueza, um por um a abandona. Já *Quase Ministro* e *Os Deuses de Casaca* escapam ao esquema indicado. Na primeira, Machado de Assis faz uma sátira política. Na segunda, também uma sátira, humanizam-se os deuses conforme os valores atuais. É, talvez, a sua peça mais bem cuidada: escrita em versos alexandrinos, revela preocupações de linguagem, de estilo e de composição, muito maiores que nas demais. Em *Não Consultes Médico* e *Lição de Botânica*, novamente ele retoma os "jogos de amor" das comédias anteriores. Pretende demonstrar, no primeiro caso, que o amor, em dadas circunstâncias, não é imortal ou insubstituível. No segundo, considerando-o um sentimento imperioso da natureza humana, o faz triunfar ardilosamente sobre quem o rejeita. Em se tratando do homem, vemo-lo sempre ameaçado de render-se aos encantos da graça feminina, que é, na visão romântica de Machado de Assis, uma violadora invencível dos nossos ideais de liberdade e solidão.

Reconsideremos *O Protocolo*, levada à cena em nossos dias por mais de um grupo profissional, com pleno sucesso. Seu esquema delineia um triângulo amoroso. Compõe, porém, apenas uma situação equívoca que é logo desfeita pela intervenção sutil e inteligente da graça feminina, sempre bem explorada pelo escritor. Confirma-se, portanto, o que observamos: simplesmente uma situação e não uma ação desenvolvida, enquanto a ausência de drama ou de conflito é determinada pela quebra total da sentimentalidade. É como se se admitisse que o reencontro conjugal se faz muito mais pelo riso do que pela lágrima. Pelo menos, se a pessoa não tiver sido abalada e se a vigilância que a ameaça de fora para dentro deixar entrever apenas pequenos pretextos, que por isso mesmo podem ser removidos, antes de se agravarem. Nestas condições, uma situação afetiva ameaçada, no esquema machadiano, é logo recomposta com certo sentido de humor, sutileza ou finura. Mais uma vez, retomando expressões dele mesmo, a situação que poderia ter sido melodramática e enfática, faz-se "risonha, espirituosa, leviana, como nos salões".

A sua linguagem é toda tecida de metáforas, comparações, alusões e citações às vezes eruditas, sempre bem adequada ao cômico explorado. Revela, igualmente, o gosto clássico, acentuando, antes de quaisquer influências mais próximas, a ligação do seu teatro com o teatro, ou melhor, com o espírito do século XVIII. Presta-se de maneira admirável à demonstração daqueles "jogos de amor", além de favorecer a eliminação total da pieguice, da sentimentalidade ou da dramaticidade das situações. É o oposto do burlesco e da sátira caricaturesca, elementos tidos como cômicos, ou confundidos com o cômico, contrários ao espírito de Machado de Assis: "[...] Para fazer rir não precisa empregar o burlesco; o burlesco é o elemento menos culto do riso"[27].

---

27. Ed. cit., III, p. 899.

E ele o diz, escrevendo sobre uma comédia de Joaquim Manuel de Macedo, depois de observações merecedoras de transcrição:

O burlesco, embora suponha da parte de um autor certo esforço e certo talento, é todavia um meio fácil de fazer rir às platéias. A própria *Torre em Concurso* fornece-nos uma prova, desde que se levanta o pano, os espectadores riem logo às gargalhadas; assiste-se à leitura de um edital. Que haverá de cômico em um edital? Nada que não seja o esforço da imaginação do autor; é um edital burlesco, redigido na intenção de produzir efeito nos espectadores; a fantasia do autor tinha campo vasto para redigi-lo como quisesse, para acumular as expressões mais curiosas, as cláusulas mais burlescas. Se o autor quisesse cingir-se à verdade, levaria em conta que o escrivão Bonifácio, homem de bom senso e até certo ponto esclarecido, como se vê no correr da comédia, não podia escrever aquele documento. Mas é inútil apelar para a verdade tratando-se de uma obra que se confessa puramente burlesca. Assentado isto, o resto da peça desenvolve-se sob a ação da mesma lei; o autor declara-se e mantém-se nos vastos limites de uma perfeita inverossimilhança. Como exigir que as pretensões amorosas da velha Ana, os seus ciúmes e os seus furores, apareçam ao público, não como uma caricatura, mas como um ridículo? Se pretendêssemos isto, se exigíssemos a naturalidade das situações, a verdade das físionomias, a observação dos costumes, o autor responder-nos-ia vitoriosamente que não pretendeu escrever uma comédia, mas uma peça burlesca. Duvidamos, porém, que possa responder com igual vantagem quando lhe perguntarmos por que motivo, poeta de talento e futuro, escreveu uma obra que não é de poeta, nem acrescenta o menor lustre ao seu nome[28].

Sempre coerente consigo mesmo, devemos aqui, debaixo dessa concepção do cômico-teatral, lembrar a importância fundamental que cabe ao diálogo nas peças de Machado de Assis. Sua característica mais acentuada é a monotonia, determinada pela ausência de conteúdo conflitivo, seja de natureza cômica, seja dramática. Assim, muitas vezes, compõem-se falas que, de-

---

28. Ed. cit., III, pp. 897-898.

vendo ser específicas de determinados protagonistas, são desdobradas em diálogos, sob a impressão de que uma fala completa a outra. Certamente, é recurso expressivo intencional e conhecido: em Machado de Assis, alimentado por certo maneirismo e graça, modo de melhor nos oferecer a medida do espírito galante do enamorado ou enamorada de salão. Veja-se o seguinte exemplo, colhido à *Lição de Botânica*:

> D. *Cecília* – Oh! uns olhos!
> D. *Helena* – Azuis.
> D. *Cecília* – Como o céu.
> D. *Helena* – Louro...
> D. *Cecília* – Elegante...
> D. *Helena* – Espirituoso...
> D. *Cecília* – E bom.
> D. *Helena* – Uma pérola... *(suspira)* Ah!
> D. *Cecília* – Suspiras?
> D. *Helena* – Que há de fazer uma viúva, falando de uma pérola?[29]

Em abono de nossas observações, não encontramos caracteres marcantes nas peças mencionadas, apenas esboços decalcados em estereótipos reconhecíveis. Ou seriam antes figurantes que *representam* situações conforme com o espírito do autor. Então, o diálogo não precisa ser aquele que corresponda ao pensamento e aos sentimentos de personagens ou caracteres definidos e que possam ser isolados. Por outro lado, verifica-se a tendência para eliminar as características dialéticas do diálogo, como reflexo das relações humanas em termos de imposição e de aceitação, dramáticos, conflitivos ou não. Prefere usá-lo como instrumento de agudeza e de análise. Por isso é que o reconhecemos antes de tudo como verdadeira expressão do espírito do autor, ao colocar-se este em frente de determinado esquema arquitetado para

29. Ed. cit., II, p. 1140.

demonstrar uma situação. No caso particular do teatro – mas a observação poderá estender-se a toda a obra do ficcionista – diríamos que Machado de Assis escreve menos como autor do que como *diretor*, dominado ao mesmo tempo pelo requinte da expressão correta, viva, sutil. Particularmente no teatro, não importa que uniformize ou encadeie o diálogo, isto é, que uma fala se distinga de outra por certas peculiaridades de inflexão. A capacidade de representação do ator apóia-se no reconhecimento e ênfase do predomínio do traço galante, dos arrufos passageiros de casais enamorados, dos equívocos e do maneirismo dos conquistadores, donjuans de salões que terminam caindo nas armadilhas do amor matrimonial, reparador, ou são alijados em situações cheias de ridículo. Em suma, por efeito de um desdobramento inevitável de intenções e funções, de autor para ator e diretor, reconhece-se a importância absorvente deste último na montagem das peças de Machado de Assis, a fim de que possam ser *representadas*. De fato, apresentam o perigo de se fazerem tendenciosamente *declamadas*, pois reconhecemos que a declamação é outra de suas características absorventes. Ao demais, essa importância atribuída ao diretor é indispensável para conduzir o assistente à intimidade do autor, de tal forma que não se exija deste uma intriga tecida com equívocos e situações burlescas, como traços freqüentemente oferecidos pelo cômico comum.

Em suma, reconhecemos nessas comédias, como grande preocupação do escritor o aperfeiçoamento do processo dialogado da linguagem, executado em função daquilo que é observado e submetido à análise. Contudo, ele não descuidaria outros aspectos próprios da composição teatral, como a necessidade de encontrar a definição nítida dos caracteres e de manter o interesse e uma ação movimentada. E é certo que já havia expressado a convicção de que vamos ao "[...] teatro buscar uma comoção, não se vai procurar uma surpresa; o poeta deve interessar o coração, não a curiosidade; condição indispensável para ser poeta dramático"[30].

Mas, admitindo as suas próprias limitações no cultivo do gênero, ele, por sua vez, se coloca na posição de quem faz teatro como "amador". Reveja-se a propósito a carta que escreveu a Quintino Bocaiúva, ou o que disse mais tarde a José Veríssimo, já em 1908, quando Artur Azevedo incluiu *Não Consultes Médico* num repertório retrospectivo do teatro brasileiro:

> Não sei que efeito terá produzido *Não Consultes Médico*. Aquilo foi uma comédia de sala, feita a pedido, para satisfazer particulares amadores, e destinada a uma só representação que teve. O Artur Azevedo, tendo a idéia de fazer reviver agora algumas peças de há trinta e mais anos, incluiu aquela entre as outras; obra de simpatia[31].

E em Machado de Assis não há artifícios de modéstia.

---

30. Ed. cit., III, p. 896.
31. Ed. cit., III, p. 1120.

2
Solo e Subsolo da Vida

I

Não há muita diferença entre a crítica e a crônica de Machado de Assis. Ambas são presididas pela mesma preocupação de compreender e interpretar as reações humanas. Ambas denotam o equilíbrio e a imparcialidade de quem enxerga a mutabilidade das coisas, a diversidade e as incertezas da natureza humana. Através da crítica, chegaria à compreensão da arte como forma de comunicação desprendida ou desinteressada, válida em si mesma. Seria o melhor recurso para superar a mediocridade da conduta cotidiana, até mesmo um meio de salvaguardar a fragilidade da nossa natureza e condição. Tanto assim que, em uma de suas crônicas, admite a arte como o único refúgio possível contra o crescente desconcerto da vida:

> Aí fica dito o que farei e verei para fugir ao tumulto da vida. Mas há ainda outro recurso, se não puder alcançar aquele a tempo: um livro que nos interesse, dez, quinze, vinte livros. Disse-vos no fim da outra *semana* que ia acabar de ler o *Livro de Uma Sogra*. Acabei-o muito antes dos acontecimentos que abalaram o espírito público. As letras também precisam de anistia. A diferença é que, para obtê-la, dispensam votação. É ato próprio; um homem

pega em si, mete-se no cantinho do gabinete, entre os seus livros, e elimina o resto. Não é egoísmo, nem indiferença; muitos sabem em segredo o que lhes dói do mal político; mas, enfim, não é seu ofício curá-lo. De todas as coisas humanas, dizia alguém com outro sentido e por diverso objeto, – a única que tem o seu fim em si mesma é a arte[1].

Ao mesmo tempo, sugere o ângulo de visão do que é dado como refúgio – ilha imaginária, cujo contorno e existência se definem pela certeza da verdade interior – a partir do qual investiga as relações e reações humanas nos limites do cotidiano. Do plano interior à realidade contingente, a aproximação e o equilíbrio se fazem através da análise repassada de compreensão e tolerância. Certamente, ele usaria muletas e trapézios, evoluindo do trocadilho, do gracejo e da ironia, do riso quase anedótico, ao humor refinado. Isso acontece à medida que a visão caleidoscópica se reduz a um foco único, apesar da possibilidade de existir e de ser utilizado mais de um ângulo de apreensão da realidade. Por outro lado, essa perspectiva lhe proporciona a seleção e a depuração temática dos romances, conjuntamente com outros elementos que serão reconhecidos na poesia, no teatro, na correspondência e igualmente no conto.

A cosmovisão entrevista nas crônicas se faz, preponderantemente, alimentada pelos contactos com o dia-a-dia da rotina humana na paisagem citadina, em que rebatem preocupações e cogitações do homem contemporâneo, sempre agitado, entre mudanças, esperanças efêmeras e decepções. Nada escapou, no seu momento e em particular na paisagem urbana do Rio de Janeiro, a esse observador perspicaz, cuja sutileza terminará fundindo-se com a graça e o humor desencantado, ou seja o riso complacente. A evolução, insistimos, dá-se gradativa e seguramente à maneira do crítico, antes de tudo autocrítico, sob a presença dominante

---

1. Ed. cit., III, pp. 697-698.

da humildade superior, derivada do "Sermão da Montanha", que ele tanto admirou. E é sabido que não esconde fontes da sua formação. Estas são freqüentemente utilizadas, de maneira direta ou indireta, com relativa gravidade ou com graça e até mesmo irreverência, mas sempre com perfeita adequação e reflexão. Talvez seja nisso bastante favorecido pela sua impressionante capacidade de assimilar, a favor da observação própria e da criação original. Nesse sentido, ele faz em alguns casos verdadeiros exercícios estilísticos.

Na verdade, o princípio da longa trajetória do cronista coincide ou se confunde mesmo com a atividade do crítico e do comediógrafo. Mas só se acentua a partir de 1876, de quando datam as *Histórias de Quinze Dias*, continua por 1878 – *Notas da Semana*, – 1883 a 1896, – *Balas de Estalo*, até 1888-1889, – *Bons Dias*, atingindo plena maturidade de 1892 a 1897, com a *Semana*. Assim como a crítica, e outros gêneros cultivados, constitui uma coordenada, e talvez a mais importante, de unificação e harmonização da linha evolutiva do ficcionista.

À semelhança do que fez em outros gêneros, Machado de Assis, como cronista, revelou preocupações no sentido de definir atitudes, notadamente nos momentos iniciais desta atividade. Aproximado do crítico, vemos que o cronista apenas substitui o tom expositivo e didático, peculiar ao primeiro, pela graça cultivada a serviço da leveza e da versatilidade do novo gênero. São qualidades que se acentuarão progressivamente, a partir de soluções expressivas ainda indecisas ou repassadas de certos lugares comuns, como estas:

Não posso dizer positivamente em que ano nasceu a crônica; mas há toda a probabilidade de crer que foi coetânea das primeiras duas vizinhas. Essas vizinhas, entre o jantar e a merenda, sentaram-se à porta, para debicar os sucessos do dia. Provavelmente começaram a lastimar-se do calor. Uma dizia que não pudera comer ao jantar, outra que tinha a camisa mais ensopada do que as ervas que comera. Passar das ervas às plantações do morador fronteiro, e logo às tropelias amatórias do dito morador, e ao resto, era coisa mais fácil, natural e possível do mundo. Eis a origem da crônica.

Que eu, sabedor ou conjecturador de tão alta prosápia, queira repetir o meio de que lançaram mão as duas avós do cronista, é realmente cometer uma trivialidade; e contudo, leitor, seria difícil falar desta quinzena sem dar à canícula o lugar de honra que lhe compete[2].

Em outros momentos, far-se-á grave, conforme sua atitude no exercício da crítica. Esperaria que se tornasse digno não do aplauso, que não pedia, "mas da tolerância dos leitores"[3].

E ainda como crítico, manteria a mesma preocupação de análise de idéias em relação a atitudes e reações, quebrando-as, diria ele mesmo, como se quebram nozes, para conhecê-las por dentro, desmascarando a simulação, esse maior e mais freqüente recurso dos contactos humanos, egoísta, vaidoso ou subserviente: [...] "Faça de conta" – confessa o cronista – "que sou aquele menino que, quando toda a gente admirava o manto invisível do rei, quebrou o encanto geral, exclamando: – *El-rei vai nu!*"[4]

Não é sem um filete de graça ou uma ponta de ironia, que se completa o seu "ideal de cronista", marcado pelo acentuado gosto da introversão da realidade observada, e conseqüente reflexão, que tão bem o caracterizaram:

Ninguém sabe o que sou quando rumino. Posso dizer, sem medo de errar, que rumino muito melhor do que falo. A palestra é uma espécie de peneira, por onde a idéia sai com dificuldade, creio que mais fina, mas muito menos sincera. Ruminando, a idéia fica íntegra e livre. Sou mais profundo ruminando; e mais elevado também[5].

2. Ed. cit., III, p. 403.
3. Ed. cit., III, p. 409.
4. Ed. cit., III, p. 480.
5. Ed. cit, III, p. 539.

À parte o toque de gracejo e vaidade, intencional, ele é perfeitamente exato e sincero na sua visão pessoal do mundo. Por isso, acrescentaríamos que aquilo que escreveu foi desde o início uma espécie de monólogo íntimo, como se reduzisse a um denominador comum a expressão de dois interlocutores: um, a sua reflexão, outro, os dados da realidade objetiva, com todos os seus matizes, do vulgar ao mais elevado. E por cima de tudo, aquele desencanto tolerante e complacente, amparado pelo riso:

> Há pessoas que não sabem, ou não se lembram de raspar a casca do riso para ver o que há dentro. Daí a acusação que me fazia ultimamente um amigo, a propósito de alguns destes artigos, em que a frase sai assim um pouco mais alegre. Você ri de tudo, dizia-me ele. E eu respondi que sim, que ria de tudo, como o famoso barbeiro da comédia, *de peur d'être obligé d'en pleurer*[6].

Acrescente-se-lhe o amor da clareza e da concisão, tantas vezes pedidas ou recomendadas nas suas observações de crítico, assim como as exigências relativas à pureza vernácula da linguagem.

O acentuado espírito de análise em Machado de Assis, apoiado pela observação minuciosa, é o caminho seguro para a síntese a que se reduzem todas as suas impressões. Inicialmente alimentou o sentimento da mutabilidade incessante da vida, o "gosto de ver correr o tempo e as coisas"[7]. Corrida do tempo que resultaria da impressão deixada pela renovação ou pela substituição sucessiva de idéias, sentimentos, aspirações, troca de gerações, atitudes e fatos, por ele sentida de maneira a revelar seu humor desencantado. Nessas condições, nada mais jovial e inquieto do que a primeira personificação que nos dá do tempo exterior. Já

6. Ed. cit., III. p. 468.
7. Ed. cit., III, p. 377.

na velhice, ela seria reconsiderada em atenção à realidade subjetiva de cada um de nós. Mas, acima dessas duas perspectivas, o que prevalece é a alternância contínua da morte e da vida, a primeira pagando com a segunda. Como no *Eclesiastes*, não há nada de original, "só há verdades velhas, caiadas de novo"[8]. Que sentimentos o jovem escritor alimentaria, então? A modéstia[9], o retraimento e o desencanto, que mais e mais se acentuam com o decorrer do tempo, leva-lo-iam a contemplar a vida como um espetáculo entre ridículo e grotesco, feito da trama da simulação, do interesse e do melodrama, ainda que nos pretendesse oferecer de tudo isso uma impressão de comédia leve e risonha. Mais de uma vez lhe aflora a imagem da vida como uma ópera[10], e em outras tantas o reconhecimento do predomínio da simulação ou das aparências:

> [...] Quanto ao programa em si, parece um pouco fantástico, e é nada menos que naturalíssimo: é o sentimento das aparências. A casaca, por ser casaca, não faz mal nem bem; a culpa ou a virtude é dos corpos, e menos dos corpos que das almas. Tempo houve em que se fez consistir o civismo em uma designação comum: cidadão; ao que acudiu um poeta com muita pertinência e tato:
> *"Appellons-nous messieurs et soyon citoyens"*[11].

Comentaria: é um processo de acomodação aparente, defesa necessária para que se enfrentem as leis "que precederam as sociedades, e que se hão de cumprir, não por uma determinação de jurisprudência humana, mas por uma necessidade divina e eterna. Entre essas e antes de todas figura a da luta pela vida, que um amigo meu nunca diz senão em inglês: *struggle for life*"[12]. E nesse

---

8. Ed. cit., III, p. 412.
9. Ed. cit., III, p. 442.
10. Ed. cit., III, pp. 383, 388 e I, pp. 736-738.
11. Ed. cit., III, p. 430.
12. Ed. cit., III, p. 464.

caso, mesmo para quem for somente contemplador, a melhor posição é a do vencedor[13]. Ela é garantida pela impermeabilidade à dor ou à alegria, se "cada pessoa é sempre mais feliz do que outra"[14] ou menos infeliz. O mais exaltado sentimento, enquanto perdura o seu objeto, é ilusão dos sentidos e da imaginação. Superá-lo ou substituí-lo é poder da "lei que rege esta máquina, lei benéfica, tristemente benéfica, mediante a qual a dor tem de acabar, como acaba o prazer, como acaba tudo. É a natureza que sacrifica o indivíduo à espécie"[15]. Essa mesma natureza que para Machado de Assis parecia então "forte, imparcial e cética"[16]. Aproximando-se de Schopenhauer, reencontramos o pessimista de *Memórias Póstumas de Brás Cubas*.

Por sua vez, para que o próprio Machado de Assis não se deixasse envolver pela visão que compunha da realidade, a sua maior arma não seria somente a aparente acomodação às vezes sugerida como autodefesa: alimentaria sobretudo a compreensão que se converte em tolerância e neutralização ou omissão de julgamento, este, na verdade, substituído pelo humor. Num caso ou noutro, o caminho é a investigação e a análise da verdade de cada um, numa tendência progressiva para isolar o indivíduo das aparências do convívio ou dos compromissos convencionais com a realidade exterior. Daí talvez a sua aspiração última, proclamada mesmo sob forma de surpresa disfarçada: [...] "Deus meu, bateu finalmente a hora da harmonia e do desinteresse?"[17] Certamente ele evolui para um plano de idéias mais bem definido. Por enquanto, como fonte do que ficou sugerido, contam-se as leituras confessadas de poetas, de cronistas do passado, romancistas,

---

13. Ed. cit., III p. 519.
14. Ed. cit., III, p. 403.
15. Ed .cit., III. p. 405.
16. Ed. cit., III, p. 417.
17. Ed. cit., III, p. 460.

pensadores – Platão, Erasmo, Renan, Schopenhauer –, de políticos e insistentemente a da *Bíblia*, entrelaçadas com o seu interesse múltiplo de observar a vida, a sociedade, de refletir sobre as idéias e agitações de sua época.

Num plano mais restrito, resta acentuar outros traços visíveis da evolução do cronista. Eles se refletem na linguagem, na marcha da ironia – do quase sarcasmo e irreverência ao humor – enquanto uma coisa e outra favorecem o amadurecimento das idéias. Notadamente nos dois primeiros livros de crônicas, *História de Quinze Dias* e *Notas da Semana* – porque o terceiro, *Balas de Estalo*, e sobretudo o último, *A Semana*, já correspondem à maturidade e à plenitude – é que reconhecemos restrições ou flutuações inevitáveis numa experiência que, contudo, se enriquece e se afirma. A própria linguagem carece de equilibrada segurança, ainda sem a desenvoltura, concisão e leveza posteriores. O raciocínio, por exemplo, se apresenta repleto de deduções, induções, comparações e contrastes, ao mesmo tempo que é freqüente a aproximação de opostos no tempo e no espaço, do plano mais geral da historicidade para o limitadamente contemporâneo e social. Em função de tais processos, sobretudo na procura de efeitos pela confrontação do grave e do enfático com o trivial, observamos ainda o gosto acentuado das citações. Prepara-se, nas primeiras crônicas, o fermento da leveza e graça da linguagem machadiana e do espírito que ele cultivou desde o início. Neste caso também apoiado pela reflexão sentenciosa, direta, ou pelo seu oposto, a ironia. Não é de estranhar, portanto, o recheio da ironia e da irreverência em assuntos e situações que de ordinário sofrem tratamento grave. Foi recurso para desnudar, sem despir, o ridículo, o logro, o interesse, os desvios morais ou de responsabilidade nas obrigações pessoais e profissionais. No começo, ele consegue velar a sua intolerância à desfaçatez, à ambição e ao inconformismo, a tudo em suma que pudesse ser reduzido à expressão do ridículo humano, porque nos inferioriza. Certamente, ironia e irreverência, caricatura ou gracejo, trocadilho se converterão em piedade e complacência, que são os fundamentos da compreensão e tolerância do seu humor. Mas isso tudo sem se fazer inconseqüente, porquanto ele conservará uma espécie de censura.

Sem dúvida, as primeiras armas são usadas, sugerimos, em defesa da própria elevação da condição humana. De início, os recursos são até elementares, dada a sua natureza caricaturesca ou de gracejo, apoiados nos processos de raciocínio apontados (evitamos de propósito a respectiva nomenclatura). Muitos exemplos podem ser colhidos, a começar pela caricatura solta ou encaixada no texto, como arremate – "Não é um amigo, é um manual de conversação"[18] – até à reflexão sublinhada pelo riso:

> [...] Dizia o sábio que se tivesse a mão cheia de verdades, nunca mais a abriria; o confeiteiro tem as mãos cheias de receitas, e abre-as, espalma-as, sacode-as aos quatro ventos do céu, como dizendo aos fregueses: – Habilitai-vos a fazer por vossas mãos a compota de araçá, em vez de a vir comprar à minha confeitaria. Vendo-vos este livro, para vos não vender mais coisa nenhuma; ou, se me permitis uma metáfora ao sabor do moderno gongorismo, abro-vos as portas dos meus tachos[19].

Veja-se também um outro exemplo que nos lembra mais de um episódio de *Memórias Póstumas de Brás Cubas*, onde então é fixado em forma definitiva:

> Se achares três mil réis, leva-os à polícia; se achares três contos, leva-os a um banco. Esta máxima, que eu dou de graça ao leitor, não é a do cavalheiro, que nesta semana restituiu fielmente dois contos e setecentos mil réis à Caixa de Amortização; fato comezinho e sem valor, se vivêssemos antes do dilúvio, mas digno de nota desde que o dilúvio já lá vai. Não menos digno

---

18. Ed. cit., III, p. 376.
19. Ed. cit., III, p. 411.

de nota é o caso do homem que, depois de subtrair uma salva de prata, foi restituí-la ao ourives, seu dono. Direi até que este fica mais perto do céu do que o primeiro, se é certo que há lá mais alegria por um arrependimento do que por um imaculado[20].

São expedientes que evoluem para o riso mais freqüente das crônicas de *Balas de Estalo* e para o humor definitivo de *A Semana*. Revigoram no escritor aquela visão da realidade ou do mundo, que ele obtém através de um ângulo de visão muito especial, que é o da autovisão de si mesmo, como pessoa que, de qualquer forma, sente os abalos das contingências ou da condição comum.

Quanto ao mais, é preciso que se dê ênfase à circunstância do grande encanto e sedução que exerceu nele a cidade natal, o Rio de Janeiro. Através das crônicas, compõe-se o perfil completo de sua paisagem e do tumulto humano que a preenche. Da observação local, o cronista, misto de jornalista ou jornalista-cronista à maneira da época, atinge a realidade brasileira, notadamente no plano político e no sentido íntimo da nacionalidade, enquanto apreende os reflexos dos interesses e cogitações universais do momento. Mas para ele, a arte está sempre colocada acima de tudo, até das controvérsias e das diversidades transitórias: "[...] Atentai, mais que tudo, para esse sentimento de unidade nacional, que a política pode alterar ou afrouxar, mas que a arte afirma e confirma, sem restrição de espécie alguma, sem desacordos, sem contrastes de opinião"[21].

II

Uma constante de Machado de Assis é a sensação do tédio, como estigma da condição humana, preço mais caro da nossa

20. Ed. cit., III, p. 421.
21. Ed. cit., III, p. 749.

inquietação e curiosidade. Leva-o a inúmeras cogitações, freqüentemente relacionadas com o tempo. Inicialmente, ainda sob sugestão barroca, o escritor acentua de maneira enfática as mudanças incessantes, as substituições que alimentam a insatisfação inesgotável do homem, ao mesmo tempo alimentadas por ela. Em última análise, é um jogo que disfarça e compensa a impressão de infinita monotonia que existe no fundo de cada um de nós, como testemunha o trecho de crônica abaixo. Significativo exemplo da evolução do escritor – reverte-nos, particularmente, ao famoso delírio de Brás Cubas. Seu pretexto inicial é uma assembléia de sociedade anônima:

[...] E o acionista: "Peço a V. Ex.ª, Sr. presidente, que consulte ao Sr. acionista que se levantou, se ele desiste, visto que a votação por ações, exigindo a chamada, tomará muito tempo". Consultado o divergente, este desistiu, e a votação se fez *per capita*. Assim ficamos sabendo que o tempo é a causa da supressão de certas formalidades exteriores; e assim também vemos que cada um, desde que a matéria não seja essencial, sacrifica facilmente o seu parecer em benefício comum.

O pior é se corromperem este uso, e se começarem a fazer das sociedades pequenos parlamentos. Será um desastre. Nós pecamos pelo ruim gosto de esgotar todas as novidades. Uma frase, uma fórmula, qualquer coisa, não a deixamos antes de posta em molambo. Casos há em que a própria referência crítica ao abuso perde a graça que tinha, à força da repetição; e quando um homem quer passar por insípido (o interesse toma todas as formas), alude a uma dessas chatezas públicas. Assim morrem afinal os usos, os costumes, as instituições, as sociedades, o bom e o mau. Assim morrerá o universo se se não renovar freqüentemente.

Quando, porém, acabará o *nome que encima estas linhas?* Não sei quem foi o primeiro que compôs esta frase, depois de escrever no alto do artigo o nome de um cidadão. Quem inventou a pólvora? Quem inventou a imprensa, descontando Gutemberg, porque os chins a conheciam? Quem inventou o bocejo, excluindo naturalmente o Criador, que, em verdade, não há de ter visto sem algum tédio as impaciências de Eva? Sim, pode ser que na alta mente divina estivesse já o primeiro consórcio e a conseqüente humanidade. Nada afirmo, porque me falta a devida autoridade teológica; uso da forma dubitativa. Entretanto, nada mais possível que a Criação trouxesse já em gérmen uma longa espécie superior, destinada a viver num eterno paraíso.

Eva é que atrapalhou tudo. E daí, razoavelmente, o primeiro bocejo.

– Como esta espécie corresponde já à sua índole! diria Deus consigo. Há de ser assim sempre, impaciente, incapaz de esperar a hora própria. Nunca os relógios, que ela há de inventar, andarão todos certos. Por um exato, contar-se-ão milhões divergentes, e a casa em que dois marcarem o mesmo minuto, não apresentará igual fenômeno vinte e quatro horas depois. Espécie inquieta, que formará reinos para devorá-los, repúblicas para dissolvê-las, democracias, aristocracias, oligarquias, plutocracias, autocracias, para acabar com elas, à procura do ótimo, que não achará nunca.

E, bocejando outra vez, terá Deus acrescentado:

– O bocejo, que em mim é o sinal do fastio que me dá este espetáculo futuro, também a espécie humana o terá, mas por impaciência. O tempo lhe parecerá a eternidade. Tudo que lhe durar mais de algumas horas, dias, semanas, meses ou anos (porque ela dividirá o tempo e inventará almanaques), há de torná-la impaciente de ver outra coisa e desfazer o que acabou de fazer, às vezes antes de o ter acabado[22].

Cedendo aos lugares comuns da insatisfação barroca, o cronista pensaria na pressão constante do tempo exterior sobre o homem. Far-se-ia igualmente convicto das verdades comuns: de que "tudo tem conclusão neste mundo[23]; da curta limitação da existência, constantemente ameaçada pela morte imprevista; da certeza do esquecimento[24]; da subjetividade da alegria, como defesa contra a monotonia ameaçadora"[25]. Assim sendo, nem a imaginação conseguirá neutralizar as armadilhas do tempo histórico, sobretudo porque a realidade cotidiana nos solicita constantemente. O que nos resta como recurso, sendo de fato

22. Ed. cit., III, pp. 563-564.
23. Ed. cit., III, p. 585.
24. Ed. cit., III, p. 592.
25. Ed. cit., III, p. 602.

SOLO E SUBSOLO DA VIDA

a única salvação, é o reconhecimento da realidade interior ou da verdade íntima de cada um. Opõe-se então ao tempo objetivo outra compreensão de tempo, interior, ou aquele que se confunde com a duração dos nossos ideais, da nossa aspiração afetiva ou da nossa vaidade, uma vez que, em correlação com o binômio homem/tempo, Machado de Assis reconhece como uma "[...] velha verdade que o amor e o poder são as duas forças principais da terra"[26].

Voltando-se novamente ao equacionamento dos poderes ou da ação do homem com a realidade objetiva, dir-se-á, contudo, que o homem se aprisiona ao presente atuante, como exigência sobretudo das inter-relações, e subjetivamente ao passado, que enriquece o ser moral e afetivo, enquanto alimenta a saudade[27]. Colocar-se-á, portanto, em face do presente ou do passado, conforme com aquelas duas forças propulsoras dos ideais humanos, o amor e o poder. Uma proporciona a alegria ou desencanto, a outra, a vaidade ou a decepção, ou não proporcionam coisa alguma. Daí a multiplicidade de ângulo de visão de uma mesma realidade. Precisamente, duplicidade ou dualidade, se aprecia-da, isoladamente e em si mesma, a verdade de cada um, conforme teremos a oportunidade de demonstrar nos romances da chamada segunda fase. Compondo-se então o mundo da memória, cria-se a perspectiva da retroversão, jogo do presente ao passado, para o delineamento da trajetória existencial, sombras atuantes, presenças inextinguíveis, vultos extintos ou lembran-ças opressoras.

Admitida essa problemática, o escritor chega de fato à intuição e à conseqüente investigação do conceito de tempo interior, corre-lacionado com a memória. É quando reconhece ou a presença da

26. Ed. cit., III, p. 566.
27. Ed. cit., III, p. 740.

duração com a sobrevivência da ilusão, ou a sua substituição pelo passado opressor, restando apenas como única salvação o refúgio solitário. E há mais de uma forma de solidão. Mas, de qualquer maneira, nessa última hipótese, que deve ser tomada em sentido lato, sempre escapará alguma coisa às decepções humanas, sendo estas uma conseqüência do impacto da realidade interior com o exterior temporal, de acordo com o que se demonstrará em *Dom Casmurro* e *Memorial de Aires*.

Na correspondência de Machado de Assis há confissões curiosas que ilustram por sua vez a presença da duração independentemente de seu sincronismo com o temporal, isto é, a existência da configuração objetivada do mito. Lembremos uma carta que fez por ocasião da morte da esposa, com elementos igualmente importantes para a interpretação do seu último romance. Escreve-a a Joaquim Nabuco, com data de 20 de novembro de 1904, esta ao mesmo tempo pequena obra-prima de confidência, testemunhando a comunhão de sentimentos entre ele e a sua companheira de vida:

> Tão longe, em outro meio, chegou-lhe a notícia da minha grande desgraça e V. expressou logo a sua simpatia por um telegrama. A única palavra com que lhe agradeci é a mesma que ora lhe mando, não sabendo outra que possa dizer tudo o que sinto e me acabrunha. Foi-se a melhor parte da minha vida, e aqui estou só no mundo. Note que a solidão não me é enfadonha, antes me é grata, porque é um modo de viver com ela, ouvi-la, assistir aos mil cuidados que essa companheira de 35 anos de casados tinha comigo; mas não há imaginação que não acorde, e a vigília aumenta a falta da pessoa amada. Éramos velhos, e eu contava morrer antes dela, o que seria um grande favor: primeiro, porque não acharia ninguém que melhor me ajudasse a morrer; segundo, porque ela deixa alguns parentes que a consolariam das saudades, e eu não tenho nenhum. Os meus são os amigos, e verdadeiramente são os melhores; mas a vida os dispersa, no espaço, nas preocupações do espírito e na própria carreira que a cada um cabe. Aqui me fico, por ora na mesma casa, no mesmo aposento, com os mesmos adornos seus. Tudo

SOLO E SUBSOLO DA VIDA

me lembra a minha meiga Carolina. Como estou à beira do eterno aposento, não gastarei muito tempo em recordá-la. Irei vê-la, ela me esperará[28].

E ainda outra carta, datada de um mês mais tarde, dirigida a Francisco Ramos Paz: "[...] Não sei se resistirei muito. Fomos casados durante 35 anos, uma existência inteira; por isso, se a solidão me abate, não é a solidão em si mesma, é a falta da minha velha e querida mulher"[29].

Ora, o sentimento íntimo, para caso idêntico, alimentado pela certeza da ilusão conquistada *ad aeternitatem*, é o próprio fluido da alegria, configurando o círculo da existência. Resulta no equilíbrio que não é somente contínuo mas sobretudo incessante, sem fluxo ou refluxo. Na verdade, a duração harmoniosa das aspirações interiores, alcançadas num determinado momento, faz-se princípio e fim, por isso mesmo se converte ou se fecha naquele círculo ideal de existência humana. Se a correlacionarmos com a realidade exterior e contingente, desde que mais cedo ou mais tarde é inevitável a supressão da configuração humana e objetiva da ilusão, o certo é que, na hipótese acima, ela jamais se desfaz, e o homem, conseqüentemente, jamais se sentirá interiormente solitário. Passado ou presente é apenas a resultante da incontornável correlação da vida interior com a realidade exterior e contingente, por força das relações humanas e das convenções sociais. O que prevalece realmente é o sentimento e a consciência da presença. Equivale a dizer, presença do mito, síntese de uma concepção geral da existência, incidindo na realidade interior e particular de cada um. O papel da memória, embora retenha as sucessivas etapas da linha horizontal, circunstancial, pretérita, e ao mesmo tempo reflexo das inter-relações, cingir-se-á, contudo, no círculo existencial de cada um à presença da duração ou à

28. Ed. cit., XII, pp. 1093-1094.
29. Ed. cit., III, p. 1095.

REALIDADE E ILUSÃO EM MACHADO DE ASSIS

presença interior do mito como expressão do reconhecimento do homem no semelhante eleito ou escolhido. É como se contássemos com uma memória histórica, coletiva, repleta de elementos sociais, e uma memória íntima, individualmente distinta, inconfundível. Ilustremos, mais uma vez, com outro trecho de carta íntima de Machado de Assis dirigida ainda a Joaquim Nabuco, a 5 de janeiro de 1902:

> Adeus, meu caro Nabuco. A missão nova a que V. vai não lhe dará mais tempo do que ora tem para escrever aos amigos, mas V. sabe que um bilhete, duas linhas bastam para lembrar que tal coração guarda a memória de quem ficou longe, e faz bater ao compasso da afeição antiga e dos dias passados. O passado (se o não li algures, faça de conta que a minha experiência o diz agora), o passado é ainda a melhor parte do presente – na minha idade, entenda-se[30].

Relembremos, porém, a perspectiva oposta e na verdade preponderante, em que o mito existencial pode confundir-se com a condição humana mais geral. Nesse caso, o que impera é o poder do destino da espécie reconhecido no indivíduo, gerando impulsos egoístas sob múltiplas formas de ambição e vaidade. Resulta, na concepção machadiana, da ação do poder, distinta da do amor, como forças propulsoras da conduta humana. Estabelece-se uma dualidade de situações, de sentido afirmativo, subentendida a possibilidade de sentidos opostos. De fato, consideremos outras perspectivas, em que a memória pode fazer-se opressora e exigir do indivíduo uma tentativa de recuperação de emoções, de alegrias ou de satisfações egoístas interrompidas. É quando o mito, alimentado na realidade interior e projetado, se desfaz com a desagregação do apoio exterior em que se configura.

Na sugestão da primeira perspectiva, de afirmação, harmoniosa e incessante, o fundamento inicialmente reconhecido pelo

30. Ed. cit., III, pp. 1079-1080.

romancista é o amor como aspiração selecionada da existência humana; a segunda é alimentada pelas ambições do poder. Mas, no mundo machadiano, pode haver uma terceira, determinada pela procura de fusão daquelas "duas forças principais da terra", o amor e o poder, ou da sobreposição da segunda à primeira, equilibrando-se ou gerando conflitos. A conciliação, porém, é muito pouco freqüente, salvo para a demonstração de caracteres definidos e retos, preocupados com o bem comum, com problemas e interesses coletivos. Sobretudo, Machado de Assis aborrecia o poder e sua irmã gêmea, a glória, em suas múltiplas manifestações. Insistimos, por isto mesmo, que prevalece no mundo machadiano a confirmação do reconhecimento do amor no primeiro plano das aspirações humanas. É o que verificamos em alguns romances, além de freqüentemente colhermos reflexões pertinentes em crônicas e cartas. Dessa maneira, parece-nos bastante expressivo um trecho de carta a Carolina, então sua noiva, de 1868, nos seguintes termos: "[...] Depois... depois, querida, queimaremos o mundo, porque só é verdadeiramente senhor do mundo quem está acima das suas glórias fofas e das suas ambições estéreis. Estamos ambos neste caso; amamo-nos; e eu vivo e morro por ti"[31].

E em crônica de 1892, afirmaria categoricamente: "[...] Tenho horror a toda superioridade"[32].

E em outra, de 1893, citando Erasmo: "[...] O grande Erasmo (ó Deus!) escreveu que andar atrás da fortuna e de distinções é uma espécie de loucura mansa"[33]; [...]

Reconsidere-se o hábito da reflexão em Machado de Assis e compreende-se porque em sua obra o desvanecimento do mito acontece sobretudo em conseqüência da degradação, uma vez

31. Ed. cit., III, p. 1045.
32. Ed. cit., III, p. 568.
33. Ed. cit., III, p. 659.

que a aproximação das pessoas pelo amor se consolida sobre base oposta. Por isso mesmo, a quebra deste esquema, interrompendo a linha ilusória da conduta afetiva, determina a reversão do indivíduo à realidade exterior e convencional. Conseqüentemente, passa a operar a consciência do tempo seccionado em passado e presente, reversível ou irreversível, conforme se procure uma compensação ou reabilitação ou se reconheça de vez o presente irremediavelmente vazio. A primeira hipótese é muito bem demonstrada no conto ainda da fase inicial do escritor – "A Mulher de Preto", enquanto a segunda será investigada em *Dom Casmurro*. De fato, nestes termos podemos encontrar no conto – e também em *Iaiá Garcia* – o fermento de *Dom Casmurro*. Por outro lado, em mais de uma crônica rastreamos uma sugestão tomada a Goethe, por quem Machado de Assis se deixou impressionar fortemente. Ela se revestirá de forma definitiva, enriquecida da originalidade criadora do escritor, também naquele romance, dada a sua completa assimilação e enquadramento adequado ao esquema trágico da obra. Leia-se o seu primeiro capítulo, depois dos seguintes trechos de crônicas datadas de 1896 e de 1892, respectivamente:

1. E vieram outras lembranças análogas, vagas sombras, que para logo se iam desfazendo.

....

Todas essas sombras, desfalques grandes e pequenos, públicos ou particulares, e trocas de remédios, e doenças e mortes filhas dessas trocas, todas essas sombras impunes iam e vinham, e eu não podia com os olhos (quanto mais com as mãos!) agarrá-las, fixá-las, sentá-las diante de mim. Como Goethe, dedicando o *Fausto*, perguntava-lhes se me rodeavam ainda uma vez, e elas iam mais vagas que as do poeta, iam-se para não voltar mais; todas esquecidas.

Eram as gerações que passavam. Gerações novas sucederão a essas, para se irem também, e dar lugar a mais e mais, que cederão todas à mesma lei do esquecimento, desfalques e remédios. Onde está a terra firme?[34]

34. Ed. cit., III, pp. 757-758.

SOLO E SUBSOLO DA VIDA

2. É desenganar. Gente que mamou leite romântico, pode meter o dente no rosbife naturalista; mas em lhe cheirando a teta gótica e oriental, deixa o melhor pedaço de carne para correr à bebida da infância. Oh! meu doce leite romântico! Meu licor de Granada! Como ao velho Goethe, aparecem novamente as figuras aéreas que outrora vi ante os meus olhos turvos[35].

Dessas e outras reflexões, chegar-se-á à descoberta da infância e da adolescência como as fontes mais legítimas e puras das evocações gratas e compensadoras da memória:

[...] Tal foi a causa de não ir, desde anos, à procissão de S. Sebastião, em que a imagem do nosso padroeiro é transportada da catedral ao Castelo. Sexta-feira fui vê-la sair. Éramos dois, um amigo e eu; logo depois éramos quatro, nós e as nossas melancolias. Deus de bondade! Que diferença entre a procissão de sexta-feira e as de outrora. Ordem, número, pompa, tudo o que havia quando eu era menino, tudo desapareceu. Valha a piedade, posto não faltaram olhos cristãos, e femininos, – um par deles – para acompanhar com riso amigo e particular uma velha opa encarnada e inquieta. Foi o meu amigo que notou essa passagem do *Cântico dos Cânticos*. Todo eu era pouco para evocar a minha meninice [...][36].

Como esta acima, em outra crônica de 1893, com o mesmo tom de risonha melancolia, talvez carregando na dose de humor, novamente faz referências à infância, então sob a sedução do mistério que o levava a aceitar lendas e crenças:

[...] Em vida fui amigo de dinheiro, mas havia de trazer mistério. As grandes riquezas deixadas no Castelo pelos jesuítas foram uma das minhas crenças da meninice e da mocidade; morri com ela, e agora mesmo ainda a tenho. Perdi saúde, ilusões, amigos e até dinheiro; mas a crença nos tesouros do Castelo não a perdi[37].

Finalmente, a confissão que reforça as citações anteriores, significativa para a apreciação de alguns de seus romances:

35. Ed. cit., III, p. 589.
36. Ed. cit., III, p. 593.
37. Ed. cit., III, p. 597.

[...] Ninguém ignora que os sucessos deste mundo, domésticos ou estranhos, uma vez que se liguem de algum modo aos nossos primeiros anos, ficam-nos perpetuados na memória. Porque é que, entre tantas coisas infantis e locais, nunca me esqueceu a notícia do golpe de Estado de Luís Napoleão? Pelo espanto com que a ouvi ler. As famosas palavras: *Saí da legalidade para entrar no direito* ficaram-me na lembrança, posto não soubesse o que era direito nem legalidade[38].

Nessas investigações, miúdas ou fundamentais, dos impulsos da nossa conduta, são também reconhecidas posições intermédias. Evitando que se pense exclusivamente nas posições extremas, torna aquelas merecedoras de respeito a um tempo humilde e piedoso. Embora possam parecer ridículas, cômicas ou até mesmo desequilibradas, é em virtude do respeito à verdade de cada um que elas não merecem censura ou condenação, como não merecem aplausos ou louvores:

[...] Não é meu ofício censurar essas meias glórias, ou glórias de empréstimo, como lhe queiram chamar espíritos vadios. As glórias de empréstimo, se não valem tanto como as de plena propriedade, merecem sempre algumas mostras de simpatia. Para que arrancar um homem a essa agradável sensação? Que tenho para lhe dar em troca?[39]

E é assim que Machado de Assis, da investigação indiscriminada do comportamento individual, isolado para ser analisado sem compromissos, chegaria ao social, que reconhece, em relação ao individual, sob um sistema de normas e padrões de conduta e julgamento. A dualidade de posições, com a perspectiva de entrosá-las, é subscrita pela aceitação neutra da condição humana, em esfera de cogitações que escapam às restrições:

O código, como não crê na feitiçaria, faz dela um crime, mas quem diz ao código que a feiticeira não é sincera, não crê realmente nas drogas que

38. Ed. cit., III, p. 615.
39. Ed. cit., III, p. 577.

aplica e nos bens que espalha? A psicologia do código é curiosa. Para ele, os homens só crêem aquilo que ele mesmo crê; fora dele, não havendo verdade, não há quem creia outras verdades – como se a verdade fosse uma só e tivesse trocos miúdos para a circulação moral dos homens[40].

Talvez mais expressiva, nessa mesma ordem geral de idéias, seja a crônica de 22 de novembro de 1896, a propósito da notícia do suicídio de um fazendeiro rico do Rio Grande do Sul. Os jornais comentaram a *mania* que o fazendeiro alimentava, em plena prosperidade, de que era pobre. Pelo horror da miséria, suicidou-se. O cronista reconheceu no fato uma *convicção*, a "convicção de não ter nada", mas sem qualquer compromisso com a "ambição de possuir mais". Daí as observações que se seguem, fundamentais para a explicação de muitas páginas do ficcionista, notadamente em *Quincas Borba*:

> Não abaneis a cabeça. A vossa incredulidade vem de que a fazenda do homem, os seus cavalos, as suas bolivianas, as suas letras e apólices valiam realmente o que querem que valham; mas não fostes vós que vos matastes, foi ele e nada disso era vosso, mas do suicida. As coisas têm o valor do aspecto, e o aspecto depende da retina. Ora, a retina daquele homem achou que os bens tão invejados de outros eram coisa nenhuma, e prevendo o pão alheio, a cama da rua, o travesseiro de pedra ou de lodo, preferiu ir buscar a outros climas melhor vida ou nenhuma, segundo a fé que tivesse.
>
> O avesso deste caso é bem conhecido naquele cidadão de Atenas que não tinha nem possuía uma dracma, um pobre-diabo convencido de que todos os navios que entravam no Pireu eram dele; não precisou mais para ser feliz. Ia ao porto, mirava os navios e não podia conter o júbilo que traz uma riqueza tão extraordinária. Todos os navios! Todos os navios eram seus! Não se lhe escureciam os olhos e todavia mal podia suportar a vista de tantas propriedades. Nenhum navio estranho; nenhum que se pudesse dizer de algum rico negociante ateniense. Esse opulento de barcos e ilusões comia de empréstimo ou de favor; mas não tinha tempo para distinguir entre o que

40. Ed. cit., III, p. 669.

lhe dava uma esmola e o seu criado. Daí veio que chegou ao fim da vida e morreu naturalmente e orgulhosamente.

Os dois casos, por avessos que pareçam um ao outro, são o mesmo e único. A ilusão matou um, a ilusão conservou o outro; no fundo, há só a convicção que ordena os atos. Assim é que um pobretão, crendo ser rico, não padece miséria alguma, e um opulento, crendo ser pobre, dá cabo da vida para fugir à mendicidade. Tudo é reflexo da consciência.

....

A lição é que não peçais nunca dinheiro grosso aos deuses, senão com a cláusula expressa de saber que é dinheiro grosso. Sem ela, os bens são menos que as flores de um dia. Tudo vale pela consciência. Nós não temos outra prova do mundo que nos cerca senão a que resulta do reflexo dele em nós: é a filosofia verdadeira. [...] A verdade, porém, é o que deveis saber, uma impressão interior[41].

O que ele confirmaria em "O espelho". Contudo, talvez a posição do escritor não seja absolutamente neutra. Piedade e complacência compõem a tolerância inesgotável e maleável, que não chega a ser dúbia mas que pode chocar ou confundir o leitor. Chama-nos a atenção que o sentencioso do princípio evolua no sentido de contornar os julgamentos definitivos, reservando para si, como para os próprios personagens e também para o leitor, o ângulo de visão próprio de cada um. E o amadurecimento do seu sentimento humano, com novas leituras e melhores reflexões, opera nesse sentido. Concomitantemente, é importante a evolução do riso, com o trocadilho, o sarcasmo, a ironia, o humor, que de elemento pessoal de defesa e ataque se converte em recurso de análise penetrante, para desnudar, até às raízes íntimas, os nossos impulsos e atos. O trocadilho é um recurso comum, que abala a gravidade das situações, discussões, controvérsias e julgamentos, quando não acentua o ridículo convencional. Enquanto o sarcasmo é ferino ou mesmo agressivo. Mas a grande arma de Machado

---

41. Ed. cit., III, pp. 759-760.

de Assis é o humor: freqüentemente, a partir das sugestões tomadas aos componentes objetivos e subjetivos da situação em foco, ele reside na associação inesperada e denunciadora entre o que implica num conceito universal ou num juízo de valor, enfaticamente considerado, e a expressão de uma realidade inferior tomada ao consenso geral e cotidiano. Visa ao contraste entre a grandeza do que traduz o triunfo da solidariedade coletiva e a vulgaridade dos interesses e reações pessoais, de maneira que é ao mesmo tempo a sondagem das lutas simuladas do indivíduo com a espécie, em que o primeiro se amesquinha. O gesto heróico do indivíduo, reduzido, porque isolado da visão que se tenha da grandeza humana, ou de um povo ou de uma nação, é apenas a forma de disfarce instintivo ou consciente do egoísmo e das acomodações do próprio homem, no seu afã de subsistência e de afirmação sobre o seu semelhante. Veja-se, por exemplo, o episódio d'"O Almocreve", de *Memórias Póstumas de Brás Cubas.*

Nessa marcha evolutiva, embora o romancista ainda continue citando os *Testamentos* de maneira a sublinhar maliciosa ou risonhamente determinadas situações, a verdade é que medita com severidade nos seus ensinamentos. Também cita suas leituras preferidas ou lhes faz alusão: Hegel, Schopenhauer, Spencer, Renan, cotejando, num caso e noutro, a reflexão com a realidade. Na aproximação destes autores com a sua visão do mundo, nem sempre encontra correspondências, enquanto relativamente às *Escrituras*, qualquer que seja a posição, sublinha o seu fundo de verdade e a ressonância cristã e humilde de suas páginas, os seus ensinamentos perenes. Confessa adorar "o belo 'Sermão da Montanha', as parábolas de Jesus, os duros lances da semana divina, desde a entrada em Jerusalém até a morte no Calvário, e as mulheres que se abraçavam à cruz", observando a seguir: "Assim é que, no meio das sublimidades do livro santo, há lances que me prendem a alma e despertam a atenção dos meus olhos terrenos. Não é amá-lo menos; é amá-lo em certas páginas"[42].

Pelas suas próprias palavras, chegamos a surpreender os elementos que compõem o denominador comum de sua atitude perante a vida e a pessoa humana. Veja-se a confissão que faz em uma das suas últimas crônicas, datada de 28 de fevereiro de 1897:

> [...] O essencial aqui é dizer que não faço confissão alguma, nem do mal, nem do bem. Que mal me saiu da pena ou do coração? Fui antes pio e equitativo que rigoroso e injusto. Cheguei à elegia e à lágrima, e se não bebi todos os Cambarás e Jataís deste mundo, é porque espero encontrá-los no outro, onde já nos aguardam os xaropes do Bosque e de outras partes. Lá irá ter o grande Kneipp, e anos depois o kneippismo, pela regra de que primeiro morrem os autores que as invenções. Há mais de um exemplo na filosofia e na farmácia.
>
> Não tireis da última frase a conclusão de ceticismo. Não achareis linha cética nestas minhas conversações dominicais. Se destes com alguma que se possa dizer pessimista, adverte que nada há mais oposto ao ceticismo. Achar que uma coisa é ruim, não é duvidar dela, mas afirmá-la. O verdadeiro cético não crê, como o dr. Pangloss, que os narizes se fizeram para os óculos, nem, como eu, que os óculos é que se fizeram para os narizes; o cético verdadeiro descrê de uns e de outros. Que economia de vidros e de defluxos, se eu pudesse ter esta opinião![43]

Machado de Assis disse de um de seus personagens, Luís Garcia, que este aborrecia o indivíduo mas amava a espécie. Do próprio escritor, diremos que amou o primeiro como a segunda, mas que aborreceu profundamente todas as formas inferiores da condição humana. Mas neste último caso, manifestou antes piedade e complacência do que irritação ou desprezo. Ainda mais, apliquemos a ele mesmo o que disse a propósito da morte de

---

42. Ed. cit., III, p. 675.
43. Ed. cit., III, pp. 784-785.

Renan: "Mas agonia que fosse, e por mais longa que haja sido, ter-lhe-á custado pouco ou nada o último adeus daquele grande pensador, tão plácido para com as fatalidades, tão prestes a absolver as coisas irremissíveis"[44].

44. Ed. cit., III, p. 576.

3

Em Demanda de Ilusões

I

Em 1873, quando publicou *Histórias da Meia-noite*, um ano depois da divulgação dos *Contos Fluminenses*, Machado de Assis escrevia a propósito do conto: "É gênero difícil, a despeito da sua aparente facilidade, e creio que essa mesma aparência lhe faz mal, afastando-se dele os escritores, e não lhe dando, penso eu, o público toda a atenção de que ele é muitas vezes credor"[1].

Confirma desde cedo o interesse pelo conto, cultivado ininterruptamente de 1863-1864 até o fim da sua existência. Aperfeiçoa-lo-ia e tornar-se-ia mestre no gênero, como o foi na crônica. Seus primeiros trabalhos selecionados encontram-se nos dois livros acima indicados – *Contos Fluminenses* e *Histórias da Meia-noite*, além de esparsos que dariam matéria para outro tanto, datados mais ou menos de 1864 a 1889. Já o volume *Papéis Avulsos*, de 1882, anuncia o aperfeiçoamento expressivo e a maturidade do escritor.

Nos limites iniciais da carreira do contista, por extensão a do escritor, Machado de Assis procede à pesquisa e à experiência de

---

1. Ed. cit., III, p. 819.

linguagem, de estruturação, de estudos de situações e esboços de caracteres. Parte de modelos literários que não omite, presentes e passados, desde narrativas tradicionais marcadas pela oralidade até fontes eruditas de sugestões temáticas. Equaciona-os com a realidade presente e cotidiana da sociedade fluminense, ainda embebido no romanesco e na moralidade românticos. Mas, à medida que se enriquece interior e literariamente, submete todos os componentes da criação à vigilância crítica, fator de aperfeiçoamento de processos criadores, conjuntamente com a marca singular do seu estilo e concepção.

A arquitetura do conto machadiano, primeiramente, é apoiada no esquema de uma situação adequada à demonstração de caracteres esboçados. Fatos ou acontecimentos são assim configurados muito mais na dependência da análise do que em função de um esquema narrativo. Uma ocorrência ou conjuntura pode revestir-se de sentido singular na vida toda de um protagonista, uma vez que tende para a síntese marcante no plano geral da existência individual, como reflexo da pessoa moral, correspondente. Também pode ser simples e em geral episódica, ou melhor, anedótica. O seu tempo histórico é sempre o tempo presente, seja pretérito ou não em relação ao momento do autor. Esse condicionamento do processo comunicativo é o que acentua, em primeiro lugar, a sua própria oralidade. Compõe-se um auditório para o conto no próprio conto ou se o pressupõe imaginário, conforme a origem do comunicador: o protagonista principal, direta ou indiretamente, pivô dos acontecimentos, um outro secundário e um testemunho; finalmente, o próprio autor. A ocorrência é sempre cronologicamente demarcada, portanto comunicada num tempo e num espaço objetivos. As freqüentes interferências do autor, sob a autocrítica, evoluem a partir do primarismo do processo narrativo até a perfeição. E não cessam, no decorrer de toda a trajetória do escritor.

O certo é que ele procura, essencialmente, acentuar a análise, por meio de aproximações, confrontos, contrastes, encontros harmoniosos, situações hipotéticas, e dar ênfase ao comportamento. Com tais recursos e elementos é que se compõe a ação, que se faz cada vez mais independente do desenrolar anedótico, da tessitura de peripécias, fatos e situações. Certamente em alguns contos, podemos notar preocupações nesse último sentido, mas elas não são freqüentes ou importantes. Na verdade, o argumento ou a história, na maioria dos contos de Machado de Assis, é extremamente simples, de fácil apreensão e redução. Despojada e isolada, é banal, ao mesmo tempo que se verificam, no conjunto da obra do contista, freqüentes repetições ou repisamentos de situações. Na contingência existencial batida e repetida, o entrelaçamento de temas, teses e estudos de caracteres, evita, contudo, a saturação e a monotonia. Por sua vez, a dimensão da realidade é sugerida por ângulo de visão que progressivamente se amplia e favorece a densidade, à medida que o escritor atinge a madureza.

A experiência humana utilizada nos contos da fase experimental é, conseqüentemente, quanto aos aspectos mais objetivos, idêntica à que ele utiliza em realizações posteriores. Verificaremos melhor esse reaproveitamento, se aquela experiência que amadurece for correlacionada com a matéria das crônicas, onde a visão da realidade quase sempre é submetida, preliminarmente, a uma primeira forma de tratamento literário, isto é, a da própria crônica. Por isso, não nos antecipamos, se dissermos que o tema central de Machado de Assis foi o amor, como aceitação da única comunicação possível entre pessoas que se reconhecem, ou seja, como identificação de naturezas e como objetivo primeiro do homem. É formulado e desenvolvido inicialmente debaixo da concepção romântica, sobre fundamento ostensivo, isso sem contar sugestões mais remotas. Na sua manifestação mais pura, de origem subjetiva, é a procura da felicidade acima de qualquer ambição. Diria ele, concluindo um de seus primeiros contos, "A Mulher de Preto": "Mas o homem tem o direito de procurar a sua felicidade e a felicidade de Meneses era independente da política"[2].

Só não é independente da certeza ou da verdade, tão difícil de ser refeita, quando é abalada pelas aparências equívocas, como no mesmo conto citado, ou pelo ódio, pela vingança baixa, pela perfídia, como em vários outros.

Tido o amor como objetivo precípuo do homem, procura-se preservar a sua perenidade em vida e até mesmo depois da morte de um dos seres amados. Daí os contos em que Machado de Assis se preocupa com a fidelidade da viúva ao marido finado, chegando à ironia ferina e à conclusão cética, em casos contrários. É de "Linha Reta e Linha Curva" o seguinte diálogo:

> – Ah foi casada duas vezes?
> – Em dois anos.
> – E por que enviuvou da primeira?
> – Porque meu marido morreu, disse Emília rindo-se.
> – Mas eu pergunto outra coisa. Porque se fez viúva, mesmo depois da morte de seu primeiro marido? Creio que poderia continuar casada.
> – De que modo? perguntou Emília com espanto.
> – Ficando mulher do finado. Se o amor acaba na sepultura acho que não vale a pena de procurá-lo neste mundo[3].

Nas entrelinhas deste conto, admitiria, mesmo, a concepção romântica do amor predestinado e único. Reconhece-o também resignado, por força de uma esperança inviolável, ainda que sofra investidas de terceiros, às vezes não identificados. É o que claramente constatamos n'"A Parasita Azul" em que, na infância, como n'*A Moreninha*, de Macedo, se enraíza a origem do amor a ser re-

---

2. Ed. cit., II, p. 79.
3. Ed. cit., II, p. 130.

conhecido, isto é, a ser posteriormente reencontrado e identificado. Esse primeiro amor pode também fazer-se reparador, como expressão verdadeira de tranqüilidade e segurança íntimas – em particular para o homem – depois de uma experiência de dissipação estéril e de prazeres fortuitos. Ainda mais, à semelhança de Macedo, Machado de Assis, na sua chamada primeira fase, deixaria seus heróis febris ou prostrados pela ansiedade de amar, pelo amor não comunicado, pelo amor impossível, ou faria definhá-los até a morte. Conto que se sobressai então é "Mariana", expressão do amor humilde e oculto da mucama mestiça pelo senhorzinho. Este, às vésperas de casar-se, pouco antes da morte da escrava por suicídio, ouve-lhe a respeitosa confissão do seu sentimento. Ou "Folha Rota", em que ódio de pais e tios separam os primos que se amam:

> Naquele dia e no outro e no terceiro, chorou Luísa, nas poucas horas em que podia estar só, as lágrimas todas do desespero. [...] Viu ir-se o único sonho da vida, a melhor esperança do futuro. Só então compreendeu a intensidade do amor que a prendia ao primo. Era o seu primeiro amor; estava destinado a ser o último.
>
> ....
>
> Caetaninho não foi esquecido; mas nunca mais se encontraram os olhos dos dois namorados. Oito anos depois morreu D. Ana. A sobrinha aceitou a proteção de uma vizinha e foi para casa dela, onde trabalhava dia e noite. No fim de catorze meses adoeceu de tubérculos pulmonares; arrastou uma vida aparente de dois anos. Tinha trinta quando morreu; enterrou-se por esmolas[4].

Contudo, não abusa da sentimentalidade. Há vários contos – "Uma Excursão Milagrosa", "A Última Receita" – em que ele nos comunica a doença de amor com graça e leveza, lembrando-nos, em alguns casos, o estilo de Manuel Antônio de Almeida:

---

4. Ed. cit., II, p. 840.

[...] O amor em Tito começou por uma febre; esteve três dias de cama e foi curado (da febre e não do amor) por uma velha da vizinhança, que conhecia o segredo das plantas virtuosas, e que pôs o meu poeta de pé, com o que adquiriu mais um título à reputação de feiticeira que os seus milagrosos curativos lhe haviam granjeado[5].

Ou então beirando a malícia sutil:

A viúva Lemos adoecera; uns dizem que dos nervos, outros que de saudades do marido. Fosse o que fosse, a verdade é que adoecera, em certa noite de setembro, ao regressar de um baile. Morava então no Andaraí, em companhia de uma tia surda e devota[6].

E é para casos tais que ele aconselha "banhos de igreja"[7].

Mas a graça, com que o Autor, em muitos contos, procura quebrar a sentimentalidade romântica, não abala o comportamento indispensável à felicidade na vida afetiva e à afirmação do próprio amor. Note-se que esse fundamento é antes de tudo expressão da própria pessoa e daí é que rebate na sociedade, afirmando-se ou destruindo-se. O escritor investiga, conseqüentemente, muitos aspectos do comportamento amoroso: desde a libertinagem, relações irregulares na vida de solteiro e de casado, até as investidas contra a integridade do lar, com a perspectiva da infidelidade ou com o adultério consumado. É quando a sentença condenatória se aplica tanto ao homem quanto à mulher. O certo é que a vida em comum, na amizade ou no amor, tenha como escopo essencial a fidelidade e a confiança mútuas. E a traição consumada, ou a aparente, alimentada por equívocos, impossibilita a comunhão no amor. Mas para o equívoco, há esperança de reparação, alimentada pelo amor que subsiste.

5. Ed. cit., II, p. 735.
6. Ed. cit., II, p. 780.
7. Ed. cit., II, p. 784.

É o caso de "A Mulher de Preto" em que a separação dos cônjuges é determinada por uma situação suspeitosa. Gera-se conflito com a pessoa afetiva, mas passível de reparação, porque perdura a visão do ser amado com expressão do ideal de felicidade apenas sustado. Na demonstração da tese, o Autor principia a esboçar uma concepção da existência que repousa na análise de comportamento feita em correlação com a verdade interior do indivíduo. É um esquema que será demonstrado de maneira definitiva em *Dom Casmurro*. A propósito, na sua fase inicial, o ficcionista freqüentemente sonda a germinação da suspeita que alimenta a dúvida e termina por corroer a pessoa e a ilusão de felicidade, como veremos mais tarde ainda no *Dom Casmurro*. Mas, como o faz em "O Segredo de Augusta", é apenas um esboço que joga a vaidade feminina contra a insegurança do marido libertino que tende a projetar sua própria experiência na vida conjugal. Acentua-se a inconciliação entre a aparência e a realidade, sobretudo em conseqüência do ocultamento da verdade íntima.

Em alguns casos, portanto, é possível a reparação, notadamente naqueles em que se preservam a dignidade da pessoa humana e a fidelidade ao seu legítimo sentimento. Em outros, porém, a decepção é definitiva, ou porque não se alcança o ideal buscado ou porque tenha havido o desvio do sentimento. E há sentenças: o ambicioso e pusilânime, incapaz de reconhecer um ideal de felicidade, pode mergulhar na misantropia, ser envolvido pela solidão mesmo no convívio social ou ser arrastado ao suicídio, autopunitivo. Veja-se como em "Miloca" a ambição sacrifica o encontro da felicidade: "Tardias queixas eram aquelas. O tempo corria, e a moça com o seu orgulho se definhava na solidão povoada da sociedade a que aspirara desde os tempos da sua mediania"[8].

---

8. Ed. cit., II, p. 777.

Miloca, a heroína, despreza a pessoa que a ama, Adolfo, porque é pobre, não satisfaz a sua ambição de luxo e posição social de relevo. Com a morte dos pais, ela passa a ser amparada por uma colega de estudos, da alta sociedade. Sente-se assim no ambiente ambicionado, e deseja ardentemente manter-se nele, por meio do matrimônio. Mas não consegue, até que reencontra o antigo namorado, enriquecido por uma herança. Constava, porém, que ele havia jurado não mais casar, em fidelidade ao grande amor passado que fora a própria Miloca, ao mesmo tempo que havia sofrido completa transformação:

> Se Adolfo ainda a amasse, seriam ambos felicíssimos; mas sem o amor dele que esperança teria a moça? Digamos a verdade toda; Adolfo era em toda a extensão da palavra um rapaz cínico, mas cobria o cinismo com uma capa de seda, que o fazia apenas indiferente; de maneira que se algum raio de esperança podia entrar no ânimo de Miloca bem depressa se lhe devia esvaecer[9].

Nessas condições, o reencontro de ambos resulta em união ilegítima e em fuga, como se fora uma vingança do ex-namorado outrora desprezado:

> Um ano depois do acontecimento narrado acima, reapareceu na corte o fugitivo Adolfo. Correu logo que vinha acompanhado da interessante Miloca. Casados? Não; e esse passo dado no caminho do erro foi funesto à ambiciosa moça. Que outra coisa podia ser? O mal engendra o mal[10].

E o contista conclui, depois que Miloca é abandonada: "Miloca desapareceu tempos depois. Uns dizem que se fora à cata de novas aventuras; outros que se matara. E havia razão para ambas estas versões. Se morreu a terra lhe seja leve!"[11]

---

9. Ed. cit., II, p. 778.
10. Ed. cit., II, p. 779.
11. Ed. cit., II. p. 779.

Descontado o excesso de moralidade, podemos aproximar o conto indicado a *Memórias Póstumas de Brás Cubas*, reconhecendo nele germes de componentes essenciais do ângulo de visão deste romance. E ainda mais, também de *Dom Casmurro*, a partir da frase final do romance, que repete a do conto, disfarçando sob o convencional do clichê a indiferença cínica, sem prejuízo da sentença. Mas retomemos as observações que estamos registrando. O amor decepcionado por culpa do próprio ser amado pode levar ao cinismo; ambição e vaidade, impossibilitando a felicidade na vida afetiva, podem esbarrar no suicídio; a revelação brusca da infidelidade, gerando decepção profunda, pode determinar a loucura e o assassínio. Exemplo significativo de desfecho passional é o conto "O Machete", de tom quase pungente. O contrário dá-se n'"O Esqueleto", em que o Autor violenta intencionalmente a atmosfera própria do macabro. Trata-se de um conto que comunica o estado alucinatório do protagonista, em virtude do sentimento de culpa de quem havia matado a esposa tida como infiel. Casando-se a segunda vez, impõe à nova companheira a presença do esqueleto da primeira. Demonstra-se assim um procedimento autopunitivo e ao mesmo tempo de advertência, confundidos com as contradições da dúvida e da desconfiança, até que o herói se dá à morte ao lado do esqueleto de sua primeira vítima.

O escritor também pensa em situações menos complexas, mas sempre em defesa da pureza do amor. Talvez por isso é que haja uma freqüência muito grande de jovens viúvas, ricas, casadoiras, em seus contos. Se elas sofrem as investidas das aventuras galantes, terminam, porém, reduzindo o galanteador à condição do casamento, ou resistem, reservando-se para o matrimônio com outra pessoa que se faça merecedora. Excepcionalmente o finado amor é relembrado, insinuando-se mesmo que a primeira e rápida experiência conjugal fora um meio de capacitar a pessoa para um novo amor, amadurecido. Também se reconhece o matrimônio medíocre daqueles que são incapazes de amar. Oscilam na escolha e se revelam adolescentes vítimas do desencontro definitivo, precipitando o esmaecer de seus sonhos, embora em circunstâncias aleatórias. Se mais tarde se dá o reencontro, será apenas das pessoas físicas, tornando-se impossível, portanto, a recomposição das imagens ideais anteriormente esboçadas, em virtude de transformações durante a separação. São contos que já investigam, entre outras coisas, tempo e espaço objetivos e duração. Ainda vale a pena lembrar, da primeira fase, o conto "Ponto de Vista", composto pela troca de cartas entre duas amigas, em que se esboça o estudo da formação do sentimento amoroso no adolescente; ou o conto "A Chave", em que se confrontam fantasia e realidade no processo de reconhecimento do amor no adolescente, a partir da imagem que ele forma de si mesmo.

Outros temas ou assuntos, ainda que possam ser isolados, se apresentam com implicações no tema predominante, o amor. Ele está sempre presente, até mesmo em flagrantes políticos da época: quando se esboça o esquema da carreira, como em "A Parasita Azul"; ou na pintura de uma crise ministerial, através de comentários colhidos na Rua do Ouvidor, como em "Tempo de Crise", este talvez muito mais uma crônica do que um conto. O amor também prevalece igualmente no quadro em que se defrontam, de maneira verdadeiramente romanesca, a bondade e a maldade, a ponto de destruir-se a pessoa física para preservar a dignidade, conforme o conto "Virginius". Ou quando se caricatura a aspiração à glória, acentuando-se a inconstância, a incapacidade e falta de discernimento de quem a procura: – comportamento alimentado pela imaginação fantasiosa, destituída de autocrítica, expondo o indivíduo ao ridículo de sucessivos fracassos. A solução é ser ele reconduzido à vida modesta e recatada. É assim o conto "Aurora sem Dia", cujo tema é retomado posteriormente em outro conto. Podemos considerá-lo mesmo como a matriz ainda informe de *Quincas Borba*, relativamente à perseguição à glória, caminho que Machado de Assis, relembrando Erasmo, reconheceria como o mais direto para a loucura. Considere-se, também, que o sonho, o sonambulismo, o devaneio e o delírio, próximos dos limites da loucura, são objetos de pesquisa – "Casa, Não Casa", "A Chave", "Freio Simão", "Uma Excursão Milagrosa" – como processo de evasão ou como conseqüências fatais do choque do ideal afetivo com a realidade.

E ainda mais: Machado de Assis revelou profundo desprezo pelo adultério acomodado, a ponto de intitular "Ernesto de Tal" um dos contos em que expõe o problema. Investiga aí os caracteres e as circunstâncias que criam a situação, embora esta seja apenas insinuada, como sempre o faria, preferindo submetê-la à análise moral e psicológica. Com a devida restrição, mais uma vez reconhecemos num conto da fase experimental a matriz informe do esquema de um de seus romances fundamentais – *Dom Casmurro*. Não resistimos à sedução de transcrevê-la:

> Não quer isto dizer que a amizade dos dois viesse a esfriar. Pelo contrário, o rival de Ernesto revelou certa magnanimidade, apertando ainda mais os laços que o prendiam desde a singular circunstância que os aproximou. Houve mais: dois anos depois do casamento de Ernesto, vemos os dois associados num armarinho, reinando entre ambos a mais serena intimidade. O rapaz de nariz comprido é padrinho de um filho de Ernesto.
>
> – Por que não te casas? pergunta Ernesto às vezes ao seu sócio, amigo e compadre.
>
> – Nada, meu amigo, responde o outro, eu já agora morro solteiro[12].

Evidentemente, fica até aqui ressaltada a ênfase que Machado de Assis deu aos esboços de caracteres. Foi meio de contornar so-

---

12. Ed. cit., II, pp. 217-218.

luções simplistas do Romantismo, que reduziam os protagonistas a duas categorias dominantes, o herói como personificação do bem, o vilão como expressão do mal, ou, logo mais tarde, de evitar os esquemas despersonalizantes do Realismo-Naturalismo. Nos primeiros contos que escreveu, e também nos romances da mesma fase, ele revela clara e intencionalmente esse propósito, apoiado em recursos de freqüente intervenção na criação literária. Muitos exemplos podem ser dados, além do que já ficou entrevisto nos textos anteriormente citados. Sem dúvida, eles refletem processos comuns durante a reformulação do gênero, no Romantismo, mas também, com Machado de Assis, preocupações renovadoras. É freqüente colhermos em seus contos advertências semelhantes a esta: "Devo proceder ao retrato físico e moral do meu amigo Tito"[13]. Ou então esclarecimentos diretos de certas reações:

> Alguma leitora menos exigente, há de achar singular a resolução de Isabel, ainda depois de saber que era amada. Também eu penso assim; mas não quero alterar o caráter da heroína, porque ela era tal qual a apresento nestas páginas. Entendia que ser amada casualmente, pela única razão de ter o moço voltado de Paris, enquanto ela gastara largos anos a lembrar-se dele e a viver unicamente dessa recordação, entendia, digo eu, que isto a humilhava, e porque era imensamente orgulhosa, resolvera não casar com ele nem com outro. Será absurdo; mas era assim[14].

Nestes exemplos, o ficcionista ainda se apresenta bem próximo das limitações românticas. É o que também podemos notar em exemplos opostos, quando ele esboça não o vilão, mas o pândego, o rico, o ocioso, o imprevidente, que de repente se vêem na ruína, apelando então para o casamento vantajoso. Nas circunstâncias indicadas, a trama que deriva do esboço de caráter é realmente um processo autopunitivo, culminando desastradamente:

13. Ed. cit., II, p. 733.
14. Ed. cit., II, p. 185.

Abandonado, pobre, tendo por única perspectiva o trabalho diário, sem esperanças no futuro, e além do mais humilhado e ferido em seu amor-próprio, Soares tomou a triste resolução dos cobardes.

Um dia de noite o criado ouviu no quarto dele um tiro; correu, achou um cadáver[15].

Já no retrato do tipo enfatuado, medíocre ou vulgar, como o do parasita, o Autor se aproxima da caricatura, mais uma vez lembrando processos usuais em Manuel Antônio de Almeida:

Pertencia o tenente a essa classe feliz de homens que não têm idade; uns lhe davam 30 anos, outros 35 e outros 40; alguns chegavam até os 45, e tanto esses como os outros podiam ter igualmente razão. A todas as hipóteses se prestavam a cara e as suíças castanhas do tenente. Era ele magro e de estatura meã; vestia com certa graça, e, comparado com um boneco não havia grande diferença. A única coisa que destoava um pouco era o modo de pisar; o tenente Porfírio pisava para fora a tal ponto, que da ponta do pé esquerdo à ponta do pé direito, quase se podia traçar uma linha reta. Mas como tudo tem compensação, usava ele sapatos rasos de verniz, mostrando fino par de meias de fio de Escócia mais lisas que a superfície de uma bola de bilhar[16].

Ao contrário, o perfil daquele que é portador de caráter reto não só encontra apoio nos antecedentes das relações familiares mais próximas quanto corresponde à discrição e à elegância pessoais, como um traço exterior da dignidade[17]. Reconhecem-se, implicitamente, os efeitos da educação na formação do caráter, de pais para filhos. Mas também se admitem as modificações que podem resultar da transferência de meio, com o desequilíbrio, se preferem, ou o desajuste entre as ambições e a situação do indivíduo. Sob este aspecto, há dois contos significativos e de

---

15. Ed. cit., II, pp. 58-59.
16. Ed. cit., II, p. 197.
17. Ed. cit., II, pp. 62-63.

intenções claras. Um, o conto "Virginius", exemplifica o primeiro esquema:

> Julião estava atônito. Inquiriu sua filha sobre todas as particularidades da conversa referida. Não lhe restava dúvida acerca dos maus intentos de Carlos. Mas como de um tão bom pai pudera sair tão mau filho? perguntava ele. E esse próprio filho não era bom antes de ir para fora?[18]

O outro, o conto "Miloca", esboça um caráter ambicioso, de quem recebeu uma educação além da sua verdadeira condição e que se voltaria contra si mesma.

Certamente, o Autor evoluirá, libertando-se do aprisionamento dos esquemas românticos, no que é favorecido pela ênfase que irá emprestando à análise dos caracteres. Pesa a seu favor, sobretudo, a vigilante autocrítica que o leva a pôr em ridículo os lugares comuns do estilo dominante, e a violentar, pela ironia, os excessos da sentimentalidade. O riso em Machado de Assis, quando deriva do humor, será essencialmente um dos seus recursos mais penetrantes de análise. Mas, por enquanto, na forma da graça leve ou da ironia, às vezes acentuando ou não o ridículo aparente, é sobretudo um recurso de autodefesa para o melhor reconhecimento daquele ridículo e dos lugares comuns a serem evitados e até mesmo a serem renovados. Apresenta, assim, uma preocupação autocrítica, favorável à afirmação da personalidade do próprio escritor. Ao mesmo tempo, utilizando fontes eruditas, inspirando-se nelas, citando-as à larga, ele reforça a arma da ironia, tornando-a também poderosa. E da análise ele chegará à reflexão, à meditação, já na plenitude da sua carreira, despojando-se do tom enfaticamente sentencioso.

Levando-se em conta destacadamente as fontes em língua portuguesa, antes de buscarmos as fontes estrangeiras do humor

---

18. Ed. cit., II, p. 716.

machadiano, deveríamos repensar o veio interrompido que, no século XVI, entre outros nos descortinou Fernão Mendes Pinto, de impressionante modernidade. Também o picaresco atenuado e ajustado às soluções românticas, de Manuel Antônio de Almeida. Não temos dúvida de que eles figuram entre as leituras preferidas do escritor, cuja curiosidade, além dos clássicos, chegou até barrocos e árcades. De fato, Barroco e Arcadismo são estilos referidos e intencionalmente imitados por ele, às vezes seriamente, às vezes em tom de debique. Reverte-se, pelo mencionado processo de crítica e auto-defesa, contra sestros comuns ainda ao gosto romântico, como exemplo do mau aproveitamento da tradição literária. Quanto àqueles dois escritores, certamente foram sugestões presentes em Machado de Assis. Buscou, na imaginação fantasiosa de um – como disfarce do ridículo ou das contradições humanas –, e no picaresco leve e aparentemente amoral do outro, instrumentos para os golpes decisivos contra os recursos do egoísmo, dos interesses comuns, da vaidade, sob aparências da sentimentalidade, do perdão, da renúncia, notadamente sob o simulacro dos gestos e decisões graves. E, o que é igualmente da máxima importância, descortinou neles a leveza da linguagem.

Mas, como dissemos, a contar desses e de outros pontos iniciais de sugestões, é que se processa a evolução do escritor. Ela passará por dois momentos culminantes: o que acabamos de indicar e o humor de *Memórias Póstumas de Brás Cubas* e o de *Memorial de Aires*, este antecedido por *Esaú e Jacó*. Entre um momento e outro está o relevo marcante da transição, dado por *Dom Casmurro*. Nas experiências iniciais, porém, o escritor ainda se revela bastante flutuante, incorrendo mesmo em recursos primários, cujas fontes são facilmente reconhecíveis, como aquela que tanto o impressionou, a saber, Manuel Antônio de Almeida. Poderíamos acumular exemplos, a partir daquele em que se sobrepõe um mal físico coletivo ao sofrimento amoroso individual, como se os nivelasse, ou como se um agravasse o outro, sob a exclamação piedosa e ao mesmo tempo risonha do observador:

> Ao amor desprezado, veio juntar-se o orgulho ofendido, o despeito e a vergonha, e tudo isto, junto a uma epidemia que então reinava na comarca, deu com o nosso Camilo na cama, onde por agora o deixaremos, entregue aos médicos seus colegas[19].

Ou então o trocadilho, que em certas ocasiões Machado de Assis faz sob advertências e ressalvas, como se se penitenciasse do pecado:

> [...] que não gostava de moscas mortas.
> – Eu nem de moscas vivas, acudiu o amigo encantado por ter apanhado no ar este trocadilho[20].

Outro exemplo nos é dado nos comentários a duas reproduções, "A Morte de Sardanapalo" e a "Execução de Maria Stuart", decorações numa casa pequeno-burguesa:

> [...] D. Beatriz achou que era indecente um grupo de homem abraçado com tantas mulheres. Além disso, não lhe pareciam próprios dois quadros fúnebres em dia de festa. José Lemos que tinha sido membro de uma sociedade literária, quando era rapaz, respondeu triunfantemente que os dois quadros eram históricos, e que a história está bem em todas as famílias. Podia acrescentar que nem todas as famílias estão bem na história; mas este trocadilho era mais lúgubre que os quadros[21].

Admitimos que lugares-comuns da linguagem barroca também lhe tenham dado sugestões para o exercício desses recursos iniciais do riso. Chega mesmo a imitá-la com intenção caricaturesca, como no trecho seguinte:

19. Ed. cit., II, p. 181.
20. Ed. cit., II, p. 204.
21. Ed. cit., II, p. 191.

Rosina conhecia o novo candidato desde algumas semanas; mas só naquela noite tivera ocasião de o tratar de perto, de consolidar, digamos assim, a sua situação. As relações, até então puramente telegráficas, passaram a ser verbais; e se o leitor gosta de um estilo arrebicado e gongórico, dir-lhe-ei que tantos foram os telegramas trocados durante a noite entre eles, que os Estados vizinhos, receosos de perder uma aliança provável, chamaram às armas a milícia dos agrados, mandaram sair a armada dos requebros, assestaram a artilharia dos olhos ternos, dos lenços na boca, e das expressões suavíssimas; mas toda essa leva de broquéis nenhum resultado deu porque a formosa Rosina, ao menos naquela noite, achava-se entregue a um só pensamento[22].

Em "A Chave", explora de maneira mais interessante o recurso acima exemplificado. Utiliza agora a linguagem mitológica dos árcades em contraste intencional com a linguagem literariamente despojada, através do diálogo direto com o leitor ou "auditório":

Ora, é certo que o major Caldas, se eu dissesse que era de madrugada, dar-me-ia um muxoxo ou franziria a testa com desdém. – Madrugada! era de madrugada? murmuraria ele. Isto diz aí qualquer preta: – "nhãnhã, era de madrugada..." Os jornais não dizem de outro modo; mas numa novela...

Vá pois! A aurora, com seus dedos cor-de-rosa vinha rompendo as cortinas do oriente, quando Marcelina levantou a cortina da barraca. A porta da barraca olhava justamente para o oriente, de modo que não há inverossimilhança em lhes dizer que essas duas auroras se contemplaram por um minuto. Um poeta arcádico chegaria a insinuar que a aurora celeste enrubesceu de despeito e raiva. Seria porém levar a poesia muito longe[23].

É evidente que Machado de Assis, ampliando a sua erudição, procura utilizar sempre novos conhecimentos na sua própria experiência literária. Enraíza-se na tradição greco-latina e retorna aos seus dias, sempre impregnado do sentimento da contemporaneidade, enquanto se submete à autocrítica. Muitos de

22. Ed. cit., II, p. 206.
23. Ed. cit., II, pp. 841-842.

seus contos sugerem inspiração na cultura clássica e outros estão recheados de alusões e referências, diretas ou indiretas, relacionadas com assuntos e com a realidade presentes. Reconsidere-se o conto "Virginius", quadro ignominioso, revoltante e trágico da escravidão, contrastando com a bondade e a justiça. A moralidade da situação é dada pelo episódio histórico da tradição latina, o qual, com o mesmo alcance, se repete na sociedade escravocrata do Brasil:

> Todos conhecem a lúgubre tragédia de Virginius. Tito Lívio, Diodoro de Sicília e outros antigos falam dela circunstanciadamente. Foi essa tragédia a precursora da queda dos decênviros. Um destes, Ápio Cláudio, apaixonou-se por Virgínia, filha de Virginius. Como fosse impossível de tomá-la por simples simpatia, determinou o decênviro empregar um meio violento. O meio foi escravizá-la. Peitou um sicofanta, que apresentou-se aos tribunais reclamando a entrega de Virgínia, sua escrava. O desventurado pai, não conseguindo comover nem por seus rogos, nem por suas ameaças, travou de uma faca de açougue e cravou-a no peito de Virgínia.
>
> Pouco depois caíam os decênviros e restabelecia-se o consulado.
>
> No caso de Julião não havia decênviros para abater nem cônsules para levantar; mas havia a moral ultrajada e a malvadez triunfante. Infelizmente estão ainda longe, esta da geral repulsão, aquela do respeito universal[24].

Mas falávamos do riso. Nas suas manifestações ainda primárias ou indecisas, como vimos, ele é sobretudo um instrumento autocrítico, voltado para os processos de expressão. Também atua, conjuntamente com a erudição. Conforme o exemplo dado, ela se impõe freqüentemente. Com a evolução do escritor, esses elementos se unificarão, para consubstanciar, de maneira definitiva, uma boa visão da conduta humana. É quando ele reconhecerá a verdade interior como o objetivo precípuo da sua pesquisa.

---

24. Ed. cit., II, pp. 718-719.

Então, investigará a mais o concurso do tempo e da memória. Por enquanto, porém, nos limites por nós preliminarmente estabelecidos, a sua intuição das relações do homem com o tempo nem sequer se converte em preocupação que possa ser comparada com aquelas duas iniciais que procuramos demonstrar. Colhem-se, contudo, alguns elementos nesse sentido. Embora comuns ou vulgares, eles são o passo inicial para cogitações posteriores, profundas, substanciais. Inicialmente, se ainda não atingem de cheio os temas e os caracteres delineados, tateiam ao alcance de alguma coisa a mais:

> Mas aquilo que o espírito do homem não vence, há de vencê-lo o tempo, a quem cabe final razão. O tempo convenceu Margarida de que a sua suspeita era gratuita; e, coincidindo com ele o coração, veio a tornar-se efetivo o casamento apenas celebrado[25].

É o conceito ainda corrente de tempo, cronologia marcada pela experiência acumulada, mas já em razão de quem, por sua vez, condiciona aquela experiência à perseverança. E à esperança, também. Às vezes, despoja-o desses elementos, para entendê-lo simplesmente em função de mudanças e renovações que rebatem na nossa vida sentimental. Ou encara-o em função do imperativo da vida de relações, convencional e até mesmo limitada pelas exigências de natureza vegetativa. Mas é da primeira posição que consegue avançar para a relação entre tempo objetivo ou histórico e realidade pessoal e íntima, já beirando a compreensão da duração interior:

> – Disse há pouco que me pareciam três minutos, acrescentou Azevedo. Tito olhou para ambos e disse sorrindo:
> – Três meses, três minutos! Eis toda a verdade da vida. Se os pusessem sobre uma grelha, como São Lourenço, cinco minutos eram cinco meses. E

25. Ed. cit., II, p. 43.

ainda se fala em tempo! Há lá tempo! O tempo está nas nossas impressões. Há meses para os infelizes e minutos para os venturosos![26]

É certo que são apenas abordagens sumárias, superficiais, na verdade referências ou indicações que ainda não se desdobram nem se entrosam de maneira totalizadora no complexo da existência ou da experiência do personagem. É o mesmo que acontece em outros passos em que é sugerida a ilusão do instante reconfortador de reversão ao passado, por força de evocações risonhas da memória:

> Rapaz é uma maneira de dizer. Coutinho contava já seus trinta e nove anos e tinha alguns fios brancos na cabeça e na barba. Mas apesar desse evidente sinal do tempo, eu aprazia-me em ver os meus amigos pelo prisma da recordação que levara deles[27].

Ou então: "[...] Duas horas de conversa tinha-nos restituído a mocidade"[28].

O que tudo isso significa, juntamente com outras observações já assinaladas a propósito das crônicas, é ser princípio de reflexões soltas que serão unificadas. É a base da sondagem sistemática que o escritor realizará posteriormente, ao atingir a maturidade e a depuração plena da linguagem. O mesmo podemos dizer de tudo o mais que temos analisado. Não é outro o nosso objetivo, por isso mesmo repisado e insistentemente exemplificado. E, assim como o demonstramos através de escolhas positivas, poderíamos indicá-lo pelos seus aspectos negativos. Neste caso, acentuam-se passos e instantes fracos e incaracterísticos, como reflexos passivamente aceitos dos lugares-comuns do Romantismo. São o excessivamente romanesco, o melodramático, as intervenções mui-

26. Ed. cit., II, p. 119.
27. Ed. cit., II, p. 745.
28. Ed. cit., II, p. 755.

to diretas do Autor. Explicam-se situações, esclarecendo reações, auxiliando a memória do leitor relativamente à concatenação e coordenação de fatos, justificando situações providenciais, coincidências inaceitáveis. Tudo aquilo que, em suma, traduz ainda o primarismo de recursos técnicos e expressivos da ficção. No levantamento de exemplos correspondentes, verificamos, contudo, que estes se cingiam às primeiras experiências do Autor, ainda com pouca leitura, oscilante entre o impulso de escrever e o estudo e a observação. De qualquer forma, ele não esquecia, como não esqueceu, a procura do equilíbrio entre a meditação e a experimentação, num consentimento franco da ação vigilante da autocrítica. É o que lhe possibilitaria, progressivamente, a criação eqüidistante de compromissos passados e presentes. E na conquista desse equilíbrio reside o principal segredo da força e da originalidade que caracterizam o escritor consumado.

II

Os dois romances iniciais de Machado de Assis – *Ressurreição* (1872) e *A Mão e a Luva* (1874) – reeditados, além dos prefácios das primeiras edições, trazem outros novos. O terceiro, *Helena* (1878), só traz prefácio na reedição de 1905, e o último, *Iaiá Garcia* (1878) não mereceu explicações. Lemos em todos a justificativa autocrítica.

Ressurreição foi considerado um "ensaio", escrito sob o estímulo da benevolência com que a crítica recebeu o seu primeiro livro de contos:

> Ora pois, eu atrevo-me a dizer à boa e sisuda crítica, que este prólogo não se parece com esses prólogos. Venho apresentar-lhe um ensaio em gênero novo para mim, e desejo saber se alguma qualidade me chama para ele, ou se todas me faltam, – em cujo caso, como em outro campo já tenho trabalhado com alguma aprovação, a ele volverei cuidados e esforços. O que

eu peço à crítica vem a ser – intenção benévola, mas expressão franca e justa. Aplausos, quando os não fundamenta o mérito, afagam certamente o espírito, e dão algum verniz de celebridade; mas quem tem vontade de aprender e quer fazer alguma coisa, prefere a lição que melhora ao ruído que lisonjeia[29].

Confessa a necessidade de conhecer novos e bons modelos, certo de que, por força do estudo meditado, a ação do tempo será benéfica. Esclarece: a reedição de 1905 deste primeiro romance não sofreu alterações, salvo a substituição de "dois ou três vocábulos" e algumas correções de ortografia, E conclui: "[...] Como outros que vieram depois, e alguns contos e novelas de então, pertence à primeira fase da minha vida literária"[30].

Não é diferente a justificativa de 1907, escrita para a nova edição de *A Mão e a Luva:* é romance que explica: "[...] as diferenças de composição e de maneira do autor"; [se] "não lhe daria agora a mesma feição, é certo que lha deu outrora, e, ao cabo, tudo pode servir a definir a mesma pessoa"[31].

E mais expressivo se faz na advertência à reedição de *Helena*, romance preferido entre os da fase inicial:

Não me culpeis pelo que lhe achardes romanesco. Dos que então fiz, este me era particularmente prezado. Agora mesmo, que há tanto me fui a outras e diferentes páginas, ouço um eco remoto ao reler estas, eco de mocidade e fé ingênua. É claro que, em nenhum caso, lhes tiraria a feição passada; cada obra pertence ao seu tempo[32].

Revela-se, como sempre, coerente com a poética que cultivou simultaneamente com o exercício da crítica. Por exemplo, a conceituação de romance com fundamento no estudo dos ca-

---

29. Ed. cit., I, p. 31.
30. *Idem, ibidem.*
31. Ed. cit., I, p. 111.
32. Ed. cit., I, p. 183.

racteres. Esclarecendo as intenções de *Ressurreição*, escreve, na advertência de 1872: "Não quis fazer romance de costumes; tentei o esboço de uma situação e o contraste de dois caracteres; com esses simples elementos busquei o interesse do livro"[33].

Também a propósito de *A Mão e a Luva*, adverte, na edição de 1874: "[...] Se o escrevera em outras condições", [o romance foi destinado à publicação em forma de *folhetins*]:

> [...] dera-lhe desenvolvimento maior, e algum colorido mais aos caracteres, que aí ficam esboçados. Convém dizer que o desenho de tais caracteres, – o de Guiomar, sobretudo, – foi o meu objeto principal, senão exclusivo, servindo-me a ação apenas de tela em que lancei os contornos dos perfis. Incompletos embora, terão eles saído naturais e verdadeiros?[34]

E no próprio corpo deste romance, chega mesmo a justificar-se perante o leitor e a reinsistir no conceito acima:

> Não será preciso dizer a um leitor arguto e de boa vontade... Oh! sobretudo de boa vontade, porque é mister havê-la, e muita, para vir até aqui, e seguir até o fim, uma história, como esta, em que o autor mais se ocupa de desenhar um ou dois caracteres, e de expor alguns sentimentos humanos, que de outra qualquer coisa, porque outra coisa não se animaria a fazer; – não será preciso declarar ao leitor, dizia eu, que toda aquela jovialidade de Guiomar eram punhais que se lhe cravavam no peito ao nosso Estêvão[35].

Ainda se apresenta longe de totalizar ou sintetizar a experiência e a existência do personagem. Contudo, marcharia a passo largo por esse caminho, até atingir o objetivo final. De início, cinge-se apenas à confrontação de caracteres. Uma vez selecionados os seus traços marcantes, dirige-os para os dois pólos essenciais do homem, o amor e a glória, ou para um com exclusão do ou-

---

33. Ed. cit., I, p. 32.
34. Ed. cit., I, p. 111.
35. Ed. cit., I, p. 140.

tro, notadamente o primeiro, "sem o ruído exterior". Quanto à temática, na elaboração desses primeiros romances – e também dos demais – é freqüente reconhecermos reminiscências de leituras tomadas como foco da inspiração. Elas se apresentam com o poder de sugerir o traço marcante do caráter de vários protagonistas da sua ficção. De fato, são o recheio de muitas crônicas, contos e romances. Já vimos exemplos, entre os quais destacamos o conto "Virginius".

Agora, o romance *Ressurreição*:

> Minha idéia ao escrever este livro foi pôr em ação aquele pensamento de Shakespeare:
>
> Ours doubts are traitors,
> And make us lose the good we oft might win,
> *By fearing to attempt*[36].

Não é difícil equacionar o tema da desconfiança ou da incapacidade de confiar, e conjuntamente a sua irmã gêmea a dúvida, com fundamentos do amor. A partir daí, com a sociedade. Primeiramente, impõe-se ao Autor a escolha dos caracteres para a confrontação, harmoniosa ou não. Desta, emanará a sentença final, reconfortadora, quanto às vicissitudes da esperança, ou autopunitiva, quanto às fraquezas morais. Porque há vermes e pássaros. Os primeiros podem aprisionar os últimos, embora estes contem com recursos de libertação.

Nesses termos, Machado de Assis nos apresenta, em *Ressurreição*, uma situação ou conjuntura determinada, em que se defrontam caracteres, embora ainda esboçados de maneira um tanto simplista. Félix, antes pobre e trabalhador, repentinamente se torna rico por herança. Cai então na ociosidade, ao lado de amantes profissionais, sem qualquer sentimentalismo ou ilusão,

---

36. Ed. cit., I, p. 32.

de maneira fria, calculada. Segundo o Autor, cultiva um ceticismo hipócrita e um cinismo aparente. Com o desgaste da pessoa, ele se faz incapaz de confiar em alguém. Lívia é a viúva jovem, elegante e segura de si, bonita e rica, freqüentadora dos salões mundanos. Vivera casada dois anos, suficientes, contudo, para que se desencantasse de um amor que havia nascido cheio de ilusões. Vivia agora para o filho, sem novas ansiedades, com a companhia de um irmão, parasita que se excedia em admiração por aqueles em quem se fixava. Raquel é a jovem adolescente, potencializando o amor, que um dia eclodirá por força do convívio com Félix, amigo da família. Romanescamente, prostrar-se-á então em estado febril, a ponto de ver-se ameaçada pela morte. Mas a natureza jovem se refaz e o abalo resulta em benefício à adolescente que se faz mulher e se capacita para o amor. Mas o seu par será Meneses, o único amigo sincero que se acercou de Félix, e que também sofrera de amor. Luís Batista, casado, embora com uma mulher jovem e bonita, é o conquistador vaidoso até à vilania. O coronel Morais, que "tinha a particularidade de ser major", é casado com dona Matilde. São pais de Raquel e formam o casal modelo:

A mulher do coronel era o tipo da mãe de família. Tinha quarenta anos, e ainda conservava na fronte, embora secas, as rosas da mocidade. Era uma mistura de austeridade e meiguice, de extrema bondade e extrema rigidez. Gostava muito de conversar e rir, e tinha a particularidade de amar a discussão, exceto em dois pontos que para ela estavam acima das controvérsias humanas: a religião e o marido. A sua melhor esperança, afirmava, seria morrer nos braços de ambos. Dizia-lhe Félix às vezes que não era acertado julgar pelas aparências, e que o coronel, excelente marido em reputação, fora na realidade pecador impenitente. Ria-se a boa senhora destes inúteis esforços para abalar a boa fama do esposo. Reinava uma santa paz naquele casal, que soubera substituir os fogos da paixão pela reciprocidade da confiança e da estima[37].

37. Ed. cit., I, p. 40.

Vemos ao mesmo tempo a maneira pela qual o romancista nos apresenta os protagonistas da situação a ser demonstrada. O perfil às vezes apenas físico de cada um é esboçado logo que entram em cena. Note-se, porém, que a atenção do romancista se volta para Félix e Lívia, como figuras centrais, cujos caracteres, confrontados, alimentam de fato a ação. Procede de acordo com aquele esquema mais geral anteriormente referido, isto é, em função do reconhecimento ou não de uma esperança ou de uma ilusão. Nesse caso, à medida que tal perspectiva se desdobra, o Autor dá ênfase a detalhes do perfil inicialmente esboçado, ampliando-o e ao mesmo tempo alimentando muito mais uma situação do que uma intriga. E vemos nisto uma maneira de ele se vigiar e vigiar o próprio leitor, revelando diretamente, no próprio contexto da obra, o seu plano, a sua intenção e os seus progressos:

> Félix entrava então nos seus trinta e seis anos, idade em que muitos já são pais de família, e alguns homens de Estado. Aquele era apenas um rapaz vadio e desambicioso. A sua vida tinha sido uma singular mistura de elegia e melodrama; passara os primeiros anos da mocidade a suspirar por coisas fugitivas, e na ocasião em que parecia esquecido de Deus e dos homens, caiu-lhe nas mãos uma inesperada herança, que o levantou da pobreza. Só a Providência possui o segredo de não aborrecer com esses lances tão estafados no teatro.

> ....

> Não direi que fosse bonito, na significação mais ampla da palavra; mas tinha as feições corretas, a presença simpática, e reunia à graça natural a apurada elegância com que vestia. A cor do rosto era um tanto pálida, a pele lisa e fina. A fisionomia era plácida e indiferente, mal alumiada por um olhar de ordinário frio, e não poucas vezes morto.

> Do seu caráter e espírito melhor se conhecerá lendo estas páginas, e acompanhando o herói por entre as peripécias da singelíssima ação que empreendo narrar. Não se trata aqui de um caráter inteiriço, nem de um espírito lógico e igual a si mesmo; trata-se de um homem complexo, incoerente e

caprichoso, em quem se reuniam opostos elementos, qualidades exclusivas, e defeitos inconciliáveis[38].

E é o que realmente se demonstra no desenrolar do romance, em que a maior atenção do Autor incide em Félix e Lívia, desdobrando-se, porém, ao contrastá-los com Meneses e Raquel. Os outros protagonistas completam a ambientação quanto aos aspectos afetivos em correlação com a sociedade da época. Os elementos descritivos praticamente se reduzem a referências: na verdade, o leitor é quem compõe o cenário a partir de tais indicações sumárias. Finalmente, uma vez completado o esquema pressuposto ou mesmo proposto para a confrontração de caracteres, em busca do reconhecimento de um destino comum, o Autor encerra a narrativa, intencionalmente analítica, em que sobrepuja o psicológico. Nela, o indivíduo é responsabilizado pelos seus atos. É quem compõe, até certo ponto, a ilusão, o mito, ou os impossibilita, perdida a esperança, embora o Autor já principie a dar ênfase à força obscura do destino. Mas ainda é enfaticamente sentencioso, para reconhecer no destino um poder indiscriminado. Realmente, ao suspender a narrativa com uma informação final, ao mesmo tempo conclusão do próprio narrado, sentenciosamente ele comenta a sorte de cada protagonista, ou melhor, daqueles que foram o pivô da conjuntura apresentada:

> Dispondo de todos os meios que o podiam fazer venturoso, segundo a sociedade, Félix é essencialmente infeliz. A natureza o pôs nessa classe de homens pusilânimes e visionários, a quem cabe a reflexão do poeta: "perdem o bem pelo receio de o buscar". Não se contentando com a felicidade exterior que o rodeia, quer haver essa outra das afeições íntimas, duráveis e consoladoras. Não a há de alcançar nunca, porque o seu coração, se res-

---

38. Ed. cit., I, pp. 33-34.

surgiu por alguns dias, esqueceu na sepultura o sentimento da confiança e a memória das ilusões[39].

Os processos de *Ressurreição* são os mesmos de *A Mão e a Luva*, sobretudo no sentido do tatear da técnica de composição e estruturação, sob a pressão ou o acatamento de modelos românticos. Digamos antes concessões ao estilo dominante, apesar de certa rebeldia, salvo no que diz respeito ao reconhecimento do binômio pessoa moral e sentimento. Menos intransigentemente, é certo. A ambição pode ser força corruptora, mas também pode propiciar a justa ascensão do indivíduo, se a dignidade for preservada por uma vontade legítima. O importante é que se tenha consciência dos objetivos, sem afrontas ao caráter. Em tais condições, as ambições que se encontram podem legítima e harmoniosamente se associarem no amor. Mas então o amor se faz conduzido muito mais pela vontade conscientemente dirigida do que pelos impulsos espontâneos. É *A Mão e a Luva*.

Neste segundo romance de Machado de Assis, os esboços de caracteres alimentam a situação para demonstração da tese. O palacete aristocrático de uma baronesa de princípios do Segundo Reinado é o cenário escolhido, onde se concentram os protagonistas selecionados. A jovem Guiomar, de origem humilde, é afilhada e pupila da baronesa. Protegida desde a infância, data de então o seu deslumbramento com o luxo dos bem-nascidos. Adolescente, tendo sido educada, depois de reconhecida filha adotiva pela madrinha, em substituição à filha legítima que morrera, deixa-se conduzir pelo desejo firme da ascensão, alimentado, porém, pela ambição discreta e comedida. Luís Alves, o jovem advogado, sonha de olhos bem vigilantes com a carreira política e a farda de ministro; Estêvão, amigo e colega de Luís Alves, é o visionário sentimental, fraco; Jorge, sobrinho da baronesa, é uma espécie de

---

39. Ed. cit., I, p. 107.

enfant gâté; e Mrs. Oswald, a viúva governanta, é a acomodação conveniente. Propiciado o encontro dessas pessoas, Estêvão sente uma paixão desenfreada por Guiomar, mas é desiludido; por sua vez Jorge espera casar-se com ela, como uma solução conveniente em família, no que é estimulado por Mrs. Oswald; mas a conquista é de Luís Alves, já iniciado na política como deputado, e em quem Guiomar reconhece o braço forte que apoiará suas ambições. Se a baronesa, que a estima de fato, deseja seu casamento com Jorge, ao reconhecer que o escolhido é Luís Alves, não só concorda como resguarda a própria vontade da filha de estimação. E mais uma vez o romancista não perdoa os fracos e pusilânimes:

> [...] Os anos passaram depois, e à medida que vinham, ia-se Estêvão afundando no mar vasto e escuro da multidão anônima. O nome, que não passara da lembrança dos amigos, aí mesmo morreu, quando a fortuna o distanciou deles. Se ele ainda vegeta em algum recanto da capital, ou se acabou em alguma vila do interior, ignora-se[40].

Ao contrário, nota-se no romancista secreta alegria na maneira de comunicar o sucesso das vontades firmes, plenamente justificadas em si mesmas:

> – Vi que você era homem resoluto, disse a moça a Luís Alves, que, assentado, a escutava.
>
> – Resoluto e ambicioso, ampliou Luís Alves sorrindo; você deve ter percebido que sou uma e outra coisa.
>
> – A ambição não é defeito.
>
> – Pelo contrário, é virtude; eu sinto que a tenho, e que hei de fazê-la vingar. Não me fio só na mocidade e na força moral; fio-me também em você, que há de ser para mim uma força nova.
>
> – Oh! sim! exclamou Guiomar.

40. Ed. cit., I, p. 180.

E com um modo gracioso continuou:

– Mas que me dá você em paga? um lugar na câmara? uma pasta de ministro?

– O lustre do meu nome, respondeu ele.

Guiomar, que estava de pé defronte dele, com as mãos presas nas suas, deixou-se cair lentamente sobre os joelhos do marido, e as duas ambições trocaram o ósculo fraternal. Ajustavam-se ambas, como se aquela luva tivesse sido feita para aquela mão[41].

Observamos nos dois primeiros romances comentados simplesmente a confrontação de caracteres que se atraem ou se repelem, se consubstanciam ou se anulam. O mesmo constatamos nos dois seguintes – *Helena* e *Iaiá Garcia*. Contudo, nestes já se faz evidente o poder convergente ou divergente do destino, rastreando as conseqüências de uma espécie de culpa hereditária que incide na consciência e na escolha afetiva. As determinantes do drama, precisamente da tragédia, são reconhecidas na verdade íntima de cada um, já vislumbrada como incomunicável. É correlacionada com a verdade exterior, que por sua vez se define em termos de relações entre as pessoas, em conformidade ou não com um contexto social, para o reconhecimento de valores e comportamento. É o caso específico de *Helena*, também substancial em *Iaiá Garcia*.

Mas em *Helena* ainda se notam muitas falhas. Romance da primeira fase, já se disse, preferido do escritor, é o que melhor nos comunica o propósito citado de fundir o "estudo das paixões humanas aos toques delicados e originais da poesia".

É muito evidente, quase ostensiva, a simpatia do Autor pelos heróis, marcados pela culpa de ascendentes. O afetivo sobrepuja o moral, mas sem afetar ou abalar este fundamento de conduta humana, entrevista e sentida sobretudo em termos cristãos. O

---

41. *Idem, ibidem.*

romance nos parece pejado de sentimentalidade, mas além do Romantismo e acima das aberrações posteriores do Realismo. Farejando a tragédia, a partir da culpa equívoca e do compromisso inconseqüente que poderia (ou poderá) propiciar o amor incestuoso, *Helena*, por muito pouco, não foi um dos grandes romances de Machado de Assis. Ao mesmo tempo, de contenção dos excessos do fatalismo conforme a tragédia tradicional. Não é ir muito longe. Principia a fermentar aí o germe do sentimento trágico que perpassa certas obras do romancista. É o caminho inicial por onde ele alcançaria o reaproveitamento original das sugestões clássicas.

O ponto de partida para a estruturação deste romance ainda continua a ser a composição da ambiência apoiada essencialmente na aproximação e confrontação inicial dos protagonistas-chave, presentes fisicamente ou através de referências: o Conselheiro Vale, viúvo e já falecido, que deixa um filho rapaz, já formado, de nome Estácio; uma irmã solteirona, Dona Úrsula; e boa fortuna em bens imóveis e escravaria. Um seu amigo, o Dr. Camargo, médico, homem frio, repleto de amor sopitado e egoísta pela filha Eugênia, sonha vê-la casada com Estácio. A esposa do médico é Dona Tomásia, amorosa e submissa. As duas famílias amigas viviam e vivem bem, e mesmo a esposa do Conselheiro, quando em vida, não denotara a infelicidade motivada pelas aventuras amorosas do marido, proclamadas como sua única fraqueza. Mas foi fraqueza que de alguma maneira ele quis reparar, a ponto de reconhecer a legitimidade da filha de uma amante, Ângela da Soledade, logo que esta faleceu. Determinou, em cláusula testamentária, que a menina, batizada Helena, fosse recolhida ao seio da família, em gozo de direitos, considerando-a até mesmo merecedora do afeto de todos. O pe. Melchior, capelão da igrejinha que o Conselheiro construíra na chácara residencial, é a grande voz cristã da família, o verdadeiro guia e conforto espiritual das consciências mortais. Em face dos acontecimentos, sobretudo à medida que se revigora o amor sopitado de Helena e Estácio, o padre, inspirado nos *Testamentos*, erige-se em verdadeiro coro que opõe as advertências cristãs aos erros humanos, senhor que é da germinação das fraquezas terrenas. Mais tarde, surgirão Mendonça, amigo dileto de Estácio, e Salvador, o primeiro amante de Ângela da Soledade e verdadeiro pai de Helena.

Ao ser admitida como filha legitimada do falecido Conselheiro, só a própria Helena e seu verdadeiro pai, além do Pe. Melchior, conheciam a situação real. E ela a aceitou, embora forçada. Salvador, havia anos, vivia arruinado, em solidão, contando apenas com a existência da filha, que não soubera preservar inteiramente para si, desde quando, vencido pela miséria e pela dor da consciência, se viu abandonado pela mulher, que também não soubera ser esposa. Assim, não é só o constrangimento que resultará de uma cláusula testamentária, é toda uma situação equívoca, falsamente alimentada nos seus aspectos afetivos, e pusilanimente aceita, num caso pelo Conselheiro Vale, noutro pelo pai de Helena. Desde a primeira meninice, a partir, portanto, de uma fase ainda de inconsciência moral e infixação afetiva, a heroína é levada a acomodar-se com essa vida equívoca, a conciliar o legítimo com o falso sentimento filial, ajustando-se aos arranjos das aparências. Mas é preciso que se pese no caso a evolução avançada da inteligência, da sensibilidade e da integridade de Helena, não obstante, a partir dela mesma, não haver a verdade íntima entrado em conflito declarado com a realidade exterior. Helena aceita passivamente a conseqüência última do erro gerado pelas inconseqüências iniciais de terceiros, como se se entregasse voluntariamente ao fatalismo reparador, purificador, não do que ela devesse, mas daquilo que o ser humano devia ou deve, sem possibilidade de escapar à fatalidade e à sentença punidora das próprias fraquezas. Na verdade, mais do que a força oculta do destino, ela personifica o poder e a grandeza das máximas evangélicas: "[...] São Paulo o disse: para os corações limpos, todas as coisas são limpas"[42].

Nessas condições, Helena chega a conquistar o afeto de todos, enquanto traz retraído no seu coração o amor em crescendo (Estácio não forma consciência dele por outras razões) mergulhando, porém, cada vez mais no abismo de uma situação dúbia. Quando se dá a revelação dos fatos, o impacto violento que daí resulta, apelo pungente da imperiosa alegria de viver, rebate dolorosamente na consciência oprimida. Ela não resiste. Desfaz-se na morte reparadora, deixando translúcida a imagem da sua consciência e do seu coração, depois de confessar o seu sentimento sob o encantamento da primeira e última mensagem da ilusão que as vicissitudes da existência, quiçá o destino, lhe arrebataram ou impossibilitaram:

> Um escravo veio chamar Estácio à pressa; ele subiu trôpego as escadas, atravessou as salas, entrou desvairado no quarto, e foi cair de joelhos, quase de bruços, junto ao leito de Helena. Os olhos desta, já volvidos para a eternidade, deitaram um derradeiro olhar para a terra, e foi Estácio que o recebeu, – olhar de amor, de saudade e de promessa[43].

É muito simples o esquema da trama. Revejamos: Helena é dada pelo Conselheiro Vale, num rasgo irrefletido de generosidade, como sua própria filha. Ela se encontra com Estácio, verdadeiro filho do Conselheiro, como se fossem irmãos. Sob o peso da fatalidade, amam-se, mas a premunição de cada um não o permite. Neste sentido, é notável a análise, já de mestre arguto, da progressiva evidência, para terceiros, do amor que ambos não discerniam.

---

42. Ed. cit., I, p. 272.
43. Ed. cit., I, p. 294.

A sugestão que pesa na elaboração do romance *Helena* deriva, a nosso ver, da melhor fonte – a tradição da tragédia clássica. Mas esta não conduz o romancista ao estudo de paixões incontroláveis, até mesmo sangüinolentas, desta maneira consumadas ou inevitáveis. Sustadas em tempo as suas manifestações sobre a pessoa a ser preservada, apreende-se apenas a sua essência debaixo de compreensão profundamente cristã. Ainda mais, ela se configura em face das vicissitudes comuns da condição humana e das contingências sociais, repassadas pela sensibilidade e pela ideologia românticas. Por isso, não exageramos ao dizer que *Helena* teria sido um dos grandes romances de Machado de Assis, expressão verdadeira do nosso Romantismo, se não fosse o tatear ainda de recursos expressivos e processos de estruturação.

O romance seguinte, *Iaiá Garcia*, sem o halo trágico de *Helena*, mas romanticamente mais amadurecido, apresenta também a sondagem do destino individual, fluxo de atos e intenções que se encadeiam com valores afetivos e sociais, nos limites estritamente contemporâneos. Oferece-nos, ao demais, uma tessitura dramática mais bem concatenada. Diretamente comprometida com a realidade cotidiana, repetimos, é sempre a mesma escolha das linhas mestras da composição. Tipos, situações, padrões morais e sociais, ideais afetivos, preservação da pureza do amor para a harmonia conjugal, um pouco de vilania, vida dissoluta de rapazes e solteirões, referências a acontecimentos marcantes do momento social, tudo se aproxima e se entrosa. E tudo isso compõe a atmosfera que envolve aspirações amorosas em situações equívocas, que podem sacrificá-las e desgastá-las. Contudo, essas aspirações também podem ser refeitas sobre bases novas em encontro definitivo, para a felicidade ou para a harmonia, pelo menos. Em relação aos três primeiros romances, nota-se, substancialmente, uma mudança na disposição das peças do xadrez. Dá-se maior ou menor ênfase ao traço marcante deste ou daquele caráter que, se se parece com outros estudos, na verdade compõe uma personalidade nova. Os primeiros tipos são mais bem delineados, sobretudo em comparação com aqueles esboçados nos dois livros iniciais. E, mais do que nos três romances iniciais, desdobra-se em *Iaiá Garcia* o entrechoque de sentimentos e paixões, enriquecendo-se a tessitura dramática, sem sobras, sem linhas pendentes.

Sendo ponto discutido a preocupação machadiana de estudar os caracteres, agora reconhecemos a mais o propósito de investigar o drama em termos sociais mais objetivos ou de relações humanas mais convencionais. Ele mesmo declara que pretende narrar um drama: "Assim vivia esse homem cético, austero e bom, alheio às coisas estranhas, quando a carta de 5 de outubro de 1866 veio chamá-lo ao drama que este livro pretende narrar"[44].

E o drama, com raízes nas desigualdades sociais, é apenas a luta sentenciosa e digna das afirmações e triunfos da integridade, por sua vez, sob o imprevisto ou o circunstancial ditado pelas mutabilidades da natureza humana. São estas sinônimo de tempo que se escoa, possibilitando a renovação da realidade interior, ou sopitando-a em determinado momento, porém, sem extingüi-la. Basta, nessa última conjuntura, que a realidade exterior antagonize a ilusão que desponta. Qualquer concessão seria a derrocada do sentimento e conseqüentemente a morte da própria ilusão.

Salvo a vilania do Procópio Dias – irmão gêmeo amadurecido de Luís Batista de *Ressurreição* – figura necessária à dinamização da ação dramática, todos os demais protagonistas são caracteres íntegros e assentados, vontades firmes que disciplinam os sentimentos. Simulam, mas em apoio da consciência e para a preservação da harmonia comum. É por ela que eles lutam e, se há sacrifícios ou renúncias, há compensações e encontros felizes.

---

44. Ed. cit., I, p. 304.

A chave do esquema, e conseqüentemente da visão de conduta humana e social, encontra-se clara no próprio texto. Trata-se de expressiva reflexão do protagonista. Ocorre no momento em que é desprezado ao tentar violentar a jovem. Contudo, a reação dela foi defesa da pureza e do sentimento que alimentava por ele:

> Intolerável é a dor que não deixa sequer o direito de argüir a fortuna. O mais duro dos sacrifícios é o que não tem as consolações da consciência. Essa dor padecia-a Jorge; esse sacrifício ia consumá-lo.
>
> Não foi dali para casa; não ousaria encarar sua mãe. Durante a primeira hora que se seguiu à saída da casa de Estela, não pôde reger os pensamentos; eles cruzavam-lhe o cérebro sem ordem nem dedução. O coração batia-lhe rijo na arca do peito; de quando em quando o corpo era tomado de calafrios. Ia despeitado, humilhado, com um dente de remorso no coração. Quisera de um só gesto eliminar a cena daquela noite, quando menos apagá-la da lembrança. As palavras de Estela retiniam-lhe ao ouvido como um silvo de vento colérico; ele trazia no espírito a figura desdenhosa da moça, o gesto sem ternura, os olhos sem misericórdia. Ao mesmo tempo, lembrava-lhe a cena da Tijuca, e alguma coisa lhe dizia que essa noite era a desforra daquela manhã. Ora sentia-se odioso, ora ridículo.
>
> "Tua mãe é quem tem razão, bradava uma voz interior; ias descer a uma aliança indigna de ti; e se não soubeste respeitar nem a tua pessoa nem o nome de teus pais, justo é que pagues o erro indo correr a sorte da guerra. A vida não é uma égloga virgiliana, é uma convenção natural, que se não aceita com restrições, nem se infringe sem penalidade. Há duas naturezas, e a natureza social é tão legítima e tão imperiosa como a outra. Não se contrariam, completam-se; são as duas metades do homem, e tu ias ceder à primeira, desrespeitando as leis necessárias da segunda".
>
> Quem tem razão és tu, dizia-lhe outra voz contrária, porque essa mulher vale mais que seu destino, e a lei do coração é anterior e superior às outras leis. Não ias descer; ias fazê-la subir; ias emendar o equívoco da fortuna; escuta a voz de Deus e deixa aos homens o que vem dos homens[45].

Os protagonistas, concebidos debaixo de intenções claramente expressas, provêm de camadas distintas, como fundamento da

---

45. Ed. cit., I, pp. 321-322.

EM DEMANDA DE ILUSÕES

situação dramática, mas proporcionadora do triunfo da legitimidade. A citação acima refere a conseqüência do momento cruciante da escolha, marcada pela resistência do sentimento puro contra a intenção corruptora, mais as restrições sociais. Como nos romances anteriores, Machado de Assis aspirava à igualdade da condição humana alicerçada na integridade e na autenticidade do caráter e do sentimento, amparadas pela fé e pelo respeito cristão. Daí porque, apesar de certas concessões, contorna soluções românticas para o desenrolar dos acontecimentos e dá ênfase à vontade consciente contra o azar da sorte ou do destino:

> A tranqüilidade era aparente. Nessa noite, recolhida aos aposentos, a moça deu largas a dois sentimentos opostos. Entrou ali prostrada. – Que estou fazendo? disse ela apertando a cabeça entre os punhos. Abriu a veneziana da janela e interrogou o céu. O céu não lhe respondeu nada; esse imenso taciturno tem olhos para ver, mas não tem ouvidos para ouvir. A noite era clara e serena; os milhões de estrelas que cintilavam pareciam rir dos milhões de angústias da terra. Duas delas despegaram-se e mergulharam na escuridão, como os figos verdes do *Apocalipse*. Iaiá teve a superstição de crer que também ela mergulharia ali dentro e cedo. Então, fechou os olhos ao grande mudo, e alçou o pensamento ao grande misericordioso, ao céu que se não vê, mas de que há uma parcela ou um raio no coração dos símplices. Esse ouviu-a e confortou-a; ali achou ela apoio e fortaleza. Uma voz parecia dizer-lhe: – Prossegue a tua obra; sacrifica-te; salva a paz doméstica. Restaurada a alma, ergueu-se do primeiro abatimento. Quando abriu de novo os olhos, não foi para interrogar, mas para afirmar, – para dizer à noite que naquele corpo franzino e tenro havia uma alma capaz de encravar a roda do destino[46].

E não só encrava: descortina novas ilusões, desvanece o que poderia ser desastroso e recompõe a justa realidade de cada um. É assim uma espécie de enviada da providência reparadora, não da fatalidade. Quanto a Estela, que conscientemente reprime a

---

46. Ed. cit., I, p. 373.

ilusão de amor, o romancista escreve que "tinha a alma acima do destino"[47].

Como constatamos em *Helena*, ressaltamos mais uma vez a observação do desenrolar da vida interior de cada um, mas agora correlacionadas tais mudanças com a realidade exterior. Tempo e espaço tornam-se assim elementos importantes no processo de entrosamento da ação dramática, que por sua vez deriva da análise, relegando-se a segundo plano a função do narrador. E como o Autor acreditava na concepção comum de que o tempo histórico e a separação, ou seja a solução da fuga, eram fatores decisivos sobre as paixões ou os sentimentos, usa esses recursos, mas não incorre em lugares comuns. Pelo contrário, em certo sentido os desmente e termina em sondagens subjetivas. Fatos, estados sentimentais, situações decisivas, objetivadas de alguma maneira, em dado momento são revividas ou permanecem, para reencontros que põem em choque tempo e espaço com a realidade interior. Multiplicam-se assim os ângulos de visão, enquanto perdura o que foi autêntico, substitui-se o que foi capricho, até os limite do triunfo do bem. O que não cicatriza é a ferida da ilusão violentada ou frustrada. Mais uma vez, disseminam-se fermentos de obras da maturidade.

Em *Memórias Póstumas de Brás Cubas*, Machado de Assis nos oferece uma teoria das edições humanas: uma, duas, três, quatro edições, que tanto se relacionam com as sucessivas etapas da vida quanto com as flutuações do caráter e precariedade dos ideais e dos sentimentos. Chegaria, assim, a surpreender o sentido substancial das contradições humanas. Ainda em *Iaiá Garcia*, ele acredita numa edição definitiva, consubstanciada no caráter que se reafirma coerentemente com os compromissos sociais e particularmente familiares, harmonizando-se ao mesmo tempo

---

47. Ed. cit., I, p. 315.

com as aspirações sentimentais contidas ou em livre expansão. É quando se atinge a edição definitiva, cujas características são o envelhecimento da encadernação e das páginas que ganharam em maturidade e grandeza interior. Na verdade, não há acréscimos, interpolações ou comentários. Ela é depurada pela eliminação de aparentes excrescências ou pela condensação que equivale à maior contenção da vontade e à clareza do discernimento. É exatamente o que nos sugere não só a figura de Estela, mas também a de Iaiá Garcia, Luís Garcia, Jorge, a humildade fidelíssima do escravo Raimundo e da mãe de criação de Iaiá, Maria das Dores, até mesmo Valéria, mãe de Jorge, viúva de um desembargador, cheia de orgulho de família e de origem, dosado, porém, pela bondade, sem falar em Procópio Dias, uma espécie de opúsculo picaresco e de cordel.

As quatro primeiras figuras esboçam dois triângulos que se entrelaçam não como decorrência da voluptuosidade e da desfaçatez, mas por uma necessidade de afirmação pessoal contra o eco de equívocos e erros passados. O único que não chega a ser conscientemente afetado pela conjuntura é Luís Garcia, cujo ângulo de visão, como diapasão de contactos humanos, é sempre o mesmo. Nos demais, opera-se a necessidade moralmente justificada da simulação. Quem mais se transforma é Iaiá Garcia, que passa da pureza à reação do desprezo. Ela caminharia para o amor, se não fosse a decepção sofrida. Optou enquanto lutava pela preservação da dignidade do lar. Torna-se assim portadora de um duplo ângulo de visão da realidade, o qual, unificado, permanece contaminado pelas decepções do presente, retransferindo a fatos passados uma conotação deformadora. O retraimento da dignidade ameaçada, sob o recurso da simulação, gera contatos humanos artificiais, como etapa preliminar da incomunicabilidade. Então, pessoas tão íntimas se distanciam definitivamente. É o que acontece com Estela e Iaiá em correlação com Jorge. Vem a propósito uma reflexão no texto, como esboço da sondagem retrospectiva de emoções e comportamento, recurso que se fará a linha mestra de *Dom Casmurro*:

> Sentada na beira da cama, com os pés juntos, as mãos fechadas entre os joelhos, os olhos cravados no espelho que lhe ficava defronte, Iaiá trabalhava mentalmente na sua descoberta. Confrontava o que acabava de ver com os fatos anteriores, de todos os dias, isto é, a frieza, a indiferença, a estrita polidez dos dois, e mal podia combinar uma e outra coisa; mas ao mesmo tempo advertia que nem sempre estava presente quando Jorge ali ia, ou fugia-lhe muita vez, e podia ser que a indiferença não passasse de uma máscara. Demais, a comoção da madrasta era significativa. Estendeu o espírito pelo tempo atrás, até o dia da primeira visita de Jorge, e lembrou-se que ele estremecera ouvindo a voz de Estela, circunstância que lhe pareceu então indiferente. Agora via que não[48].

É decisivo, sobretudo para Estela, todo o capítulo X, desdobrados os seus componentes essenciais nos capítulos subseqüentes. Em situação de plena confiança e harmonia conjugal, ela vive um conflito que se enraíza na decepção de solteira, isto é, a frustração do seu único ideal amoroso. Porque ele era autêntico, perdurou interiormente, como uma presença viva do passado, mas estática, sem possibilidade de ser recuperada. Restava resguardada a pessoa de Estela por uma intransponível couraça. Mais uma vez o romancista marcha para o reconhecimento da irreversibilidade do tempo em correlação com as ilusões mais íntimas, abaladas em dado momento pela realidade exterior, conforme veremos em *Dom Casmurro*, em que o problema se aprofundará com o equacionamento do tempo com a memória. Ainda em *Iaiá Garcia*, quanto a este aspecto a ser ressaltado em *Dom Casmurro*, podemos rastrear apenas algumas investidas no sentido do reconhecimento da verdade interior de Jorge até a afirmação do seu caráter.

---

48. Ed. cit., I, p. 355.

Jorge, bacharel moderadamente estróina, deseja a conquista fácil da jovem Estela, bem educada, mas de origem humilde. Desde a adolescência, ela era agregada e protegida da mãe de Jorge, a viúva Valéria. Percebendo a inclinação, mas não a intenção do filho, a viúva Valéria resolve afastá-lo de casa e do país, decidindo o seu alistamento como voluntário no exército brasileiro da guerra no Paraguai. Era, como diz o romancista, um gesto coletivo e patriótico, que ocultava um sentimento particular. Mas antes do embarque, Jorge tenta obter os favores amorosos da moça, de maneira violenta. Humilhada e ferida, Estela reage com dignidade, desprezando a pessoa que ela mesma amava, mas com pureza, conforme já ficou entrevisto. Essa reação leva Jorge a confundir suas próprias primeiras intenções, levianas, com um sentimento de amor que para ele tende a parecer legítimo. Viaja, luta heroicamente, mas sempre com o pensamento em Estela. Entretanto, esta se casará com Luís Garcia, viúvo, e pai de Iaiá. Teve o apoio de Valéria, que insinuaria o consórcio. Jorge, que havia eleito Luís Garcia seu confidente, mas sem se referir ao nome de Estela, ao saber do casamento, silencia suas confidências. Por outro lado, ao retornar ao Rio de Janeiro, não contava mais com a assistência de sua mãe, já falecida. Uma desilusão amorosa e uma perda afetiva são dois fatores suficientes para modificações interiores, com reflexos no comportamento exterior. Mas Jorge continua a sentir o passado aprisionando o presente, sem cogitar, sequer no futuro. Sua consciência que lhe sentenciara anos antes uma espécie de vigilância punitiva, desde quando ele tentara violentar Estela, ainda não havia se libertado das cadeias da memória cujas evocações ressurgiam pejadas de emoções redivivas, correspondentes ao tempo e ao espaço da consumação do seu erro:

Quando mais disposto se achava a compor essa autobiografia, ocorreu vagar a casa da Tijuca, a mesma aonde fôra uma vez com sua mãe e Estela, ponto de partida dos sucessos que lhe transformaram a existência. Quis vê-la novamente; talvez ali achasse uma fonte de inspiração. Foi; achou-a quase no mesmo estado. Entrou curioso e tranqüilo. Pouco a pouco sentiu que o passado começava a reviver; a ressurreição foi completa, quando penetrou na varanda, em que da primeira vez achara o casal de pombos, solitário e esquecido. Já lá não estavam as pobres aves! Tinham voado ou morrido, como as esperanças dele, e tão discretamente que a ninguém revelaram o desastrado episódio. Mas as paredes eram as mesmas; eram os mesmos o parapeito e o ladrilho do chão. Jorge encostou-se ao parapeito, onde estivera Estela, com os pombos ao colo, diante dele, naquela fatal manhã. O que sentia nesse outro tempo, posto frisasse o amor, tinha ainda um pouco de estouvamento juvenil. Contudo, a vista das paredes nuas e frias da varanda abria-lhe na alma a fonte das sensações austeras, e ele tornou a ver os olhos férvidos e o rosto pálido da moça; pareceu até escutar-lhe o som da voz. Viu também a sua própria violência; e, como em meio de tantas vicissitudes, trazia ainda a consciência íntegra, a recordação fê-lo estremecer e abater. Jorge fincou os braços no parapeito e fechou a cabeça nas mãos[49].

Na verdade, no reencontro do cenário da experiência culposa, Jorge não intenta "atar" o passado ao presente, para recuperá-lo, uma vez que o passado continuava a invadir o presente aprisionando a consciência. O seu impulso para o refúgio solitário visa a libertar a consciência, para reafirmá-la sobre as barreiras sociais, alimentadas por falsos preconceitos de classe e origem. Entra aqui o poder redentor do amor, que emanaria de Iaiá, inconseqüentemente conduzida por aparências equívocas. É que Jorge, depois de desejar Estela, não chegara a formar uma ilusão, que existia apenas na jovem. A reação dela, ao ser violentada, despertou nele um comportamento embotado, por defeito de educação e de posição social, com base na origem. A ilusão de Jorge poderia vir a ser alimentada por outra, que não Estela. Esta mergulharia de vez na solidão, mas altiva e sem prejuízo dos contatos humanos.

49. Ed. cit., I, pp. 337-338.

Substituindo, mais tarde, certas peças da máquina, Machado de Assis no esquema da composição de *Iaiá Garcia* nos leva ao que sugere o delineamento originário de *Dom Casmurro*. E o ponto principal de entroncamento dos dois romances é sem dúvida o recurso psicológico sugerido pelo trecho acima, confrontável com os propósitos inicialmente confessados de Bentinho.

4

O Naufrágio das Ilusões

I

No prólogo das *Memórias Póstumas de Brás Cubas* (1880-1881), o personagem-autor afirma, concluindo, que "a obra em si é tudo". Antes, porém, procura justificá-las perante a possível opinião do leitor:

> [...] Trata-se, na verdade, de uma obra difusa, na qual eu, Brás Cubas, se adotei a forma livre de um Sterne, ou de um Xavier de Maistre, não sei se lhe meti algumas rabugens de pessimismo. Pode ser. Obra de finado. Escrevi-a com a pena da galhofa e a tinta da melancolia, e não é difícil antever o que poderá sair desse conúbio. Acresce que a gente grave achará no livro umas aparências de puro romance, ao passo que a gente frívola não achará nele o seu romance usual; ei-lo aí fica privado da estima dos graves e do amor dos frívolos, que são as duas colunas máximas da opinião[1].

E em um dos capítulos iniciais, novamente se dirige ao leitor – o que aliás é freqüente – para esclarecer, como no "Prólogo", características peculiares ao romance:

---

1. Ed. cit., I, p. 413.

Era fixa a minha idéia, fixa como... Não me ocorre nada que seja assaz fixo nesse mundo: talvez a lua, talvez as pirâmides do Egito, talvez a finada dieta germânica. Veja o leitor a comparação que melhor lhe quadrar, veja-a e não esteja daí a torcer-me o nariz, só porque ainda não chegamos à parte narrativa destas memórias. Lá iremos. Creio que prefere a anedota à reflexão, como os outros leitores, seus confrades, e acho que faz muito bem. Pois lá iremos. Todavia, importa dizer que este livro é escrito com pachorra, com a pachorra de um homem já desafrontado da brevidade do século, obra supinamente filosófica, de uma filosofia desigual, agora austera, logo brincalhona, coisa que não edifica nem destrói, não inflama nem regela, e é todavia mais do que passatempo e menos do que apostolado[2].

Esses propósitos e mais o título – *Memórias Póstumas de Brás Cubas* – envolvem o reconhecimento das características estruturais do romance, como resultado de soluções encontradas e adotadas pelo Autor. Em primeiro lugar, a forma memorialista, implicando na concepção do personagem-autor, e conseqüentemente o uso da primeira pessoa. Opõe-nos, assim, o ângulo de visão de uma experiência pessoal que se erige na categoria de autobiografia, alargando-se os limites da ficção, enquanto ganha em veracidade a realidade fingida. Na verdade, como criação, é exclusivamente o personagem com o poder de sintetizar a sua própria experiência, tomada ao pandemônio do comum da existência. Ele paira serenamente ou desliza indiferente na visão caleidoscópia que reformula, contempla e nos exibe, tendo sido dela participante. Torna-se possível a visão sintética, apesar dos seus múltiplos enraizamentos. E também se faz uniforme, dada a sua substância filosófica, reflexo de uma atitude crítica e ao mesmo tempo de autodefesa. Para o personagem, vale portanto como totalização da condição humana aquela da qual participou e que pôde apreender, como observador e memorialista. Mas, antes de mais nada, ela se faz válida para ele mesmo.

---

2. Ed. cit., I, p. 418.

Também se reverte ou não ao leitor, conforme sua reação ao diálogo que estabelece continuamente com o memorialista, por este estimulado. É um verdadeiro desafio ao desnudamento da consciência de cada um. Quando rebate aí, mantendo-se fechadas todas as janelas deste domínio, incide diretamente na verdade íntima. É um desafio que deriva do ângulo singular e exclusivo em que o personagem-autor se coloca, para a visão retrospectiva de sua existência e experiência. Depois de morto, não precisa mais simular, condescender com as suscetibilidades e vaidades dos outros nem de si mesmo. Falando sem rodeios à sua própria consciência, pode melhor denunciar a dos outros. E não o faz porque seja portador de uma vasta observação acumulada nos contactos pessoais em vida, mas pelo poder mágico da retrovisão onipotente do memorialista defunto. Ele se sobrepõe a si mesmo e ao seu semelhante, enquanto todos vivos.

Em suma, a interpenetração das duas linhas que se justapõem, a do morto e a do vivo – e mais um artifício a indicar – completam o giro da existência do homem na existência de um homem. E o artifício é o começar pelo fim e igualmente terminar pelo fim. No primeiro caso, o morto empresta ao vivo a última e ao mesmo tempo primeira oportunidade de contemplar, numa visão sintética, o espetáculo da vida e da morte. Através do perpassar acelerado dos séculos, esse espetáculo se faz expressão da insaciável insatisfação humana. É na verdade um processo monótono de autodevoração, apesar dos coloridos com que a natureza mãe e madrasta disfarça o castigo da flagelação imposta ao homem. É o traço evidente, mas hostil ao próprio homem, da solidariedade da espécie. Em compensação, no segundo caso, é o vivo que oferece ao morto a síntese de uma experiência ou de uma realidade individual em desafio à própria vida, como se jogasse o indivíduo em luta contra a espécie. Isto talvez explique a nódoa que cobre o espaço interior do círculo existencial naquele mundo: – o "enxurro perpétuo" que é a existência ou, de indivíduo para indivíduo, "o legado da nossa miséria" que por sua vez alimenta "a solidariedade do aborrecimento humano".

Não resta dúvida de que a posição é pessimista e se o personagem-autor fala apenas em "rabugens de pessimismo" é porque delineia o seu mundo com a "pena de galhofa e a tinta da melancolia". Levar esse mundo a sério, encará-lo com gravidade e afrontá-lo, seria descambar para o melodrama ou para a tragédia. E se o melodrama é vulgar, como descontrole da sensibilidade e da imaginação exaltada, a tragédia é exceção e, mais do que isto, abstração, como sondagem e apreensão sintética das relações do homem com o destino ou o incontrolável. Ao contrário, a posição ostentada, tida como pessimista, é neutralizada nas impressões mais fortes e marcantes pela "galhofa" e pela "melancolia", que somam a crosta do cinismo. E apesar do que dissemos anteriormente, se chegarmos a identificá-las, não somos necessariamente obrigados a reconhecê-las em nós mesmos. Se também é válido o próprio ângulo de visão do leitor, é possível isolar e admitir como síntese parcial da condição humana aquilo que é visão global para o personagem-autor. Poderia ser conseqüentemente a soma de múltiplas realidades. Procede daí uma posição particular que o autor igualmente requer de cada leitor:

> [...] Acresce que a gente grave achará no livro umas aparências de puro romance, ao passo que a gente frívola não achará nele o seu romance usual; ei-lo aí fica privado da estima dos graves e do amor dos frívolos, que são as duas colunas máximas da opinião[3].

Descortinam-se verdadeiras sutilezas na concepção desta obra, fundamento da sua estruturação, com recursos técnicos expressivos correspondentes. Por exemplo, o que usualmente se

---

3. Ed. cit., I, p. 413.

compreende como tessitura dramática do romance, dando ênfase aos componentes narrativos, se reduz, em *Memórias Póstumas de Brás Cubas*, à sucessão e acumulação de episódios selecionados, fixados antes pela análise do que pela exposição. Exprimindo uma experiência considerada em si mesma, cada um deles pode ser isolado sem prejuízo da sua unidade particular. São autônomos, mas ao mesmo tempo se aglutinam por justaposição, para englobar uma realidade, em virtude de derivarem do mesmo foco de visão e a ele se subordinarem. Certamente é mantida rigorosa seqüência cronológica, não obstante aquele começo pelo fim. E talvez o seja por isso mesmo, e para favorecer a concepção da existência com o seu entrelaçamento de linhas. Era preciso que se desse a impressão do fluir monótono e lento da existência no plano subjetivo, disfarçada ao mesmo tempo pelas solicitações exteriores sujeitas à marcação cronológica no processo das inter-relações humanas. Entra aqui todo o jogo da desfaçatez com o descartar de hipocrisia, simulação, acomodação, ódio, quase sempre contido, vilania, subserviência, inveja, usura, libertinagem e outros. Cultivam-se as aparências pelo temor da opinião pública e como arma de defesa das ambições, vaidades, ânsias de glória e poder. Nesse caso, o morto, que equivale à visão arquetípica do mal, não tem piedade do vivo. E o vivo é dissecado pela análise fria, cuja arma afiada de corte e penetração é o humor, ao passo que o cinismo o converte em verme que principia corroendo a si mesmo. Note-se, particularmente em *Memórias Póstumas de Brás Cubas*, que o recurso machadiano do humor resulta do seu processo de análise das reações humanas, do plano impulsivo, que reflete manifestações instintivas ou reflexos subconscientes, para o plano consciente de censura e restrição, em que avulta a pessoa moral, conformada ou negada a favor ou em detrimento da pessoa humana.

A posição assumida por Brás Cubas enraíza-se, contudo, em condicionamentos de sua experiência inicial, a partir das primeiras impressões que lhe causam cenas e situações, sempre relacionadas, da representação da vida. Elas lhe imprimiram dimensões interiores para os contactos cotidianos, fazendo-se ativas ou passivas, em desdobramentos positivos ou negativos. Admite-se que a pessoa humana, individualmente, desperta para a vida sob a sugestão pressionadora da realidade em que se situa de início. Acumulados e enraizados tais enxertos na personalidade em formação, o indivíduo se capacita para as inter-relações, para conduzir ou para deixar-se conduzir. Reverte ou não à sociedade o que a condição humana lhe impingiu muito mais para a luta vitoriosa ou para a acomodação passiva do que para a felicidade e para a alegria interiores, sempre conforme a concepção deste romance. Em última análise, a vitória é do forte e é preciso lutar pelas conquistas da vaidade, da glória, do poder, utilizando ou eliminando o fraco, passeando indiferente sobre as suas misérias. A própria espécie, expandindo o seu instinto de preservação, impõe a seleção. Elimina-se ou se destrói, para subsistir. É a vida organizada em truste poderoso, não permitindo saldo na conta-corrente particular.

Quando o indivíduo, com o legado que a vida lhe transmitiu, se dispõe ou é conduzido a participar da própria vida, para lhe usufruir a herança ou devolvê-la em juros altos, já traz, portanto, sua pessoa revestida pela capa da dissimulação, bem como as suas expansões afetivas sopitadas ou tornadas subservientes em concessão à vaidade e em prejuízo de si mesma. Esteriliza-se na fonte a semente das ilusões. Das duas forças capitais da vida, uma, o amor, se reduz à "procriação", "multiplica a espécie"; a outra, a "paixão do poder", se faz atuante nas inter-relações. E na luta que elimina para afirmação do forte, a "consciência sem remorsos" gera o equilíbrio: entre os triunfantes e os eliminados, entre a prosperidade e a miséria, com suas oscilações e alternâncias, se estabelece a corrente ponderável da "utilidade relativa" do mal, ou do bem. A vida, assim, luta contínua e fria, parece uma espiral que rasteja horizontalmente. E, como a matriz das ilusões no domínio afetivo é o amor, alimento do mundo íntimo, a esterilização dessa semente resulta na corrupção. A aproximação das pessoas para o amor – que se torna acomodação – passa a ser pautada pela conveniência e pela simulação, resguardando-se a vida conjugal apenas em função da opinião pública.

Só resta à força vencida vingar-se com a hipocondria. Mas, contra esta, nessa luta esterilizante e autodevoradora, a própria força do poder sugere o remédio ao mesmo tempo necessário à sobrevivência do equilíbrio aparente:

> – Ah! brejeiro! Contanto que não te deixes ficar aí inútil, obscuro, e triste; não gastei dinheiro, cuidados, empenhos, para te não ver brilhar, como deves, e te convém, e a todos nós; é preciso continuar o nosso nome, continuá-lo e ilustrá-lo ainda mais. Olha, estou com sessenta anos, mas se fosse necessário começar vida nova, começava, sem hesitar um só minuto. Teme a obscuridade, Brás; foge do que é ínfimo. Olha que os homens valem por diferentes modos, e que o mais seguro de todos é valer pela opinião dos outros homens. Não estragues as vantagens da tua posição, os teus meios...
>
> E foi por diante o mágico, a agitar diante de mim um chocalho, como me faziam, em pequeno, para eu andar depressa, e a flor da hipocondria recolheu-se ao botão para deixar a outra flor menos amarela, e nada mórbida, – o amor da nomeada, o emplasto Brás Cubas[4].

Novamente insistimos, nessa tentativa de síntese interpretativa de *Memórias Póstumas de Brás Cubas*, em que o romancista evidentemente não pensaria fazer romance como romance, em observância ao esquema estrutural então dominante. A solução adotada pode ser entrevista em modelos que ele mesmo apontou e em que se inspiraria para a transposição daquilo que poderia-

---

4. Ed. cit., I, p. 451.

mos considerar autobiografia sentimental e moral do homem para a autobiografia do personagem. Mas ela se faria, como reflexo da própria filosofia machadiana, sob o prisma da investigação penetrante e da análise da verdade de cada um, dissimuladamente refletida em atos e gestos, por conveniência e acomodação entre as pessoas. Resultaria daí, finalmente, a análise, pondo-se em relevo os caracteres.

Ainda mais, qualquer que tenha sido o modelo, Machado de Assis só chegaria à solução encontrada com a experiência das crônicas, contos e romances anteriores. Como vimos, verifica-se nos últimos a seleção de fatos e situações observados do ponto de vista da análise e da reflexão, já bastante despojados dos seus componentes narrativos e sobretudo descritivos. Nos romances, particularmente, opera-se a confrontação de caracteres e, de modo excepcional, a interpenetração de destinos, de qualquer maneira, correlacionada uma coisa com a outra. As seleções verticais assomam individualmente, ainda que sugiram inferências em procura do global da condição humana.

Em *Memórias Póstumas de Brás Cubas*, chega-se de maneira definitiva àquela visão total ou global, na verdade ao global de uma meia visão, debaixo de uma filosofia formulada explicitamente e implicitamente demonstrada pelos protagonistas, sobretudo unificada pelo poder mágico do arquétipo sintetizado no defunto Brás Cubas. E porque é o global de uma meia visão, a que aí se oferece é o oposto, não a contradição, do seu outro lado anteriormente sugerido por um grupo de obras, isto é, os contos analisados e os quatro primeiros romances da fase experimental.

Considerem-se, por exemplo, duas categorias de protagonistas: uma, a daqueles que acompanham a trajetória de Brás Cubas cronologicamente repassada por Brás Cubas; outra, dos que surgem e ressurgem ao lado dos primeiros. O percurso de Brás Cubas envolve, em linhas paralelas ou em cortes perpendiculares, a dos que surgem e ressurgem, do que resulta, de maneira una, o global daquela meia visão da condição humana. Nesta, os referidos protagonistas ao mesmo tempo podem ser isolados, desligando-se ou sendo desligados da engrenagem, em conseqüência das sucessões, substituições e eliminações que a vida impõe. Confirma-se igualmente o imperativo, realmente totalizador, da incomunicabilidade, cuja compensação, mas não eliminação, só seria possível por força do perfeito equilíbrio da pessoa tomada como característica fundamental da outra meia visão. E o tema da incomunicabilidade, ou mais do que isto, esta tese, ainda aqui apenas latente, será o fundamento de *Dom Casmurro*. Releiamos o pequeno "capítulo XXVII – Virgília?" (e notemos que todos os capítulos são curtos em virtude naturalmente do seu caráter analítico e reflexivo), expressivo como exemplo das nossas observações:

Virgília? Mas então era a mesma senhora que alguns anos depois?... A mesma; era justamente a senhora, que em 1869 devia assistir aos meus últimos dias, e que antes, muito antes, teve larga parte nas minhas mais íntimas sensações. Naquele tempo contava apenas uns quinze ou dezesseis anos; era talvez a mais atrevida criatura da nossa raça, e, com certeza, a mais voluntariosa. Não digo que já lhe coubesse a primazia da beleza, entre as mocinhas do tempo, porque isto não é romance, em que o autor sobredoura a realidade e fecha os olhos às sardas e espinhas; mas também não digo que lhe maculasse o rosto nenhuma sarda ou espinha, não. Era bonita, fresca, saía das mãos da natureza, cheia daquele feitiço, precário e eterno, que o indivíduo passa a outro indivíduo, para os fins secretos da criação. Era isto Virgília, e era clara, muito clara, faceira, ignorante, pueril, cheia de uns ímpetos misteriosos; muita preguiça e alguma devoção, – devoção ou talvez medo; creio que medo.

Aí tem o leitor, em poucas linhas, o retrato físico e moral da pessoa que devia influir mais tarde na minha vida; era aquilo com dezesseis anos. Tu que me lês, se ainda fores viva, quando estas páginas vierem à luz, – tu que me lês, Virgília amada, não reparas na diferença entre a linguagem de hoje e a que primeiro empreguei quando te vi? Crê que era tão sincero então como agora; a morte não me tornou rabugento, nem injusto.

– Mas, dirás tu, como é que podes assim discernir a verdade daquele tempo, e exprimi-la depois de tantos anos?

Ah! indiscreta! ah! ignorantona! Mas é isso mesmo que nos faz senhores da terra, é esse poder de restaurar o passado, para tocar a instabilidade das nossas impressões e a vaidade dos nossos afetos. Deixa lá dizer Pascal que o homem é um caniço pensante. Não; é uma errata pensante, isso sim. Cada estação da vida é uma edição, que corrige a anterior, e que será corrigida também, até a edição definitiva, que o editor dá de graça aos vermes[5].

Realmente superar compensatoriamente a incomunicabilidade pressupõe o equilíbrio afetivo e moral entre as pessoas, de maneira particular em cada uma, ainda que o mútuo ideal que daí decorre possa vir a ser desmoronado, como em *Dom Casmurro*. Em termos opostos, a condição de incomunicabilidade está intimamente correlacionada com o despojamento emocional que deveria corresponder ou que teria correspondido a fatos e situações vividos, no processo de formação e sobrevivência da ilusão. Se não houve ou se não há condições que alimentem a duração interior, sendo assim fatos e situações indiferentes na memória, não se conturba a impressão deles quando são retomados a partir de um ângulo retrospectivo. Opera-se a retrovisão impassível, sem qualquer impulso de reversão, para recuperá-los. É o que se dá precisamente em *Memórias Póstumas de Brás Cubas*, donde o sentido sensualista da seguinte frase de Brás Cubas, completando a reflexão anterior: "[...] Quero dizer, sim, que em cada fase da narração da minha vida experimento a sensação correspondente"[6].

Em *Dom Casmurro*, ao contrário, será evidenciado o propósito da reversibilidade para a recuperação do ideal afetivo ou

---

5. Ed. cit., I, pp. 449-450.
6. Ed. cit., I, p. 535.

da ilusão desfeita em dado momento, pretendendo-se reativar a vida afetiva através da memória. E isso, como uma conseqüência da confrontação das duas meias visões da condição humana, conforme Machado de Assis: aquela entrevista inicialmente nos primeiros romances e contos, e essa que se define em *Memórias Póstumas de Brás Cubas*. Neste último romance, de maneira irremediável, tudo marcha paralelamente com o esquecimento, ao final triunfante. Ou por outra, a ausência de conotação moral e afetiva nas atitudes e reações calculadas despoja a memória dos homens, ou do homem em relação ao homem, tornando-o frio, calculista e egoísta, favorecendo ele mesmo o processo da devoração insaciável do passado pelo presente, do indivíduo pela espécie.

II

Antes de reconsiderar em *Dom Casmurro* a dupla visão da condição humana, em termos de realidade devoradora e de ilusão, nos limites de relações individuais isoladas, Machado de Assis ainda reinsiste na investigação da perspectiva de *Memórias Póstumas de Brás Cubas*, escrevendo *Quincas Borba* (1891). É como se reduzisse um grande painel a uma miniatura, com realce apenas das suas linhas marcantes. Não chega a ser uma muda de grande árvore, é antes uma parasita nascida de suas raízes e enroscada no seu tronco. Restringe e particulariza aquela meia visão do global, obtida pelo entrelaçamento de ramos ou de linhas, incidindo na verticalidade de uma linha central e unificadora, para se redistribuírem em raios circulares que por sua vez se desprendem. *Quincas Borba* é feito então com poucas dessas linhas que, de início, se justapõem. Os seus sulcos marcantes exprimem a totalidade predominante das cores essenciais do grande painel de *Memórias Póstumas de Brás Cubas*. Mas é preciso acentuar que esses dois romances, observada a cronologia das respectivas edições, são de leituras independentes, ainda que se tornem interdependentes quando lidos um depois do outro. Na verdade, *Quincas Borba* atenua *Memórias Póstumas de Brás Cubas,* revertendo-o a condições individuais, embora em condicionamento comum dado como reflexo da compensação da realidade que lhes é inerente, e sem prejuízo da universalidade de ambos. Mas *Memórias Póstumas de Brás Cubas* abafa o particular, para acentuar o exemplar, na procura de arquétipos.

No "Prólogo" da terceira edição de *Quincas Barba,* datado de 1899, o Autor fala das ligações dos dois livros e até da sugestão que lhe deram para a composição de uma trilogia, em que a terceira parte seria dedicada exclusivamente a Sofia. Responde que Sofia está "toda" em *Quincas Borba* e "continuá-la seria repeti-la"[7]. O certo, a nosso ver, é que já existia uma trilogia em germinação, mas com outros componentes. Ela resultaria antes da triplicação de ângulos de visão que focalizariam combinações múltiplas entre o geral e o particularizante. No geral, a configuração da realidade *versus* ilusão, para a procura, agora, do equilíbrio entre a primeira e a segunda. Particularizam o que ele mesmo reconheceu várias vezes: a possibilidade de fundir aquela teoria das edições humanas com as poucas situações fundamentais na existência do indivíduo. É o que se verifica em *Quincas Borba* uma vez relacionado com *Memórias Póstumas de Brás Cubas.* Tomemos ainda a este último romance uma situação exemplificativa:

> Marcela lançou os olhos para a rua, com a atonia de quem reflete ou relembra; eu deixei-me ir então ao passado, e, no meio das recordações e saudades, perguntei a mim mesmo por que motivo fizera tanto desatino. Não era esta certamente a Marcela de 1822; mas a beleza de outro tempo valia uma terça parte dos meus sacrifícios? Era o que eu buscava saber, inter-

7. Ed. cit., I, p. 553.

O NAUFRÁGIO DAS ILUSÕES

rogando o rosto de Marcela. O rosto dizia-me que não; ao mesmo tempo os olhos me contavam que, já outrora, como hoje, ardia neles a flama da cobiça. Os meus é que não souberam ver-lha; eram olhos da primeira edição[8].

Agora, um episódio de *Quincas Borba*, que se refere à reação do cachorro no momento em que Rubião é levado para o hospício:

Lá ficou o homem. Quincas Borba tentara entrar na carruagem que levou o amigo, e porfiou em acompanhá-la, correndo; foi necessária toda a força do criado para agarrá-lo, contê-lo e trancá-lo em casa. Era a mesma situação de Barbacena; mas a vida, meu rico senhor, compõe-se rigorosamente de quatro ou cinco situações, que as circunstâncias variam e multiplicam aos olhos. Rubião pediu instantemente que lhe mandassem o cão[9].

Admitidas essas premissas, reconhecemos que a ligação do plano individual ao das inter-relações e daí à subordinação a uma condição geral e indiscriminada é feita, conforme novamente imagem do Autor em *Memórias Póstumas de Brás Cubas*, por um movimento duplo de rotação e translação:

Há em cada empresa, afeição ou idade um ciclo inteiro da vida humana. O primeiro número do meu jornal encheu-me a alma de uma vasta aurora, coroou-me de verduras, restituiu-me a lepidez da mocidade. Seis meses depois batia a hora da velhice, e daí a duas semanas a da morte, que foi clandestina, como a de D. Plácida. No dia em que o jornal amanheceu morto, respirei como um homem que vem de longo caminho. De modo que, se eu disser que a vida humana nutre de si mesma outras vidas, mais ou menos efêmeras, como o corpo alimenta os seus parasitas, creio não dizer uma coisa inteiramente absurda. Mas, para não arriscar essa figura menos nítida e adequada, prefiro uma imagem astronômica: o homem executa à roda do grande mistério um movimento duplo de rotação e translação; tem

8. Ed. cit., I, p. 459.
9. Ed. cit., I, p. 718.

os seus dias, desiguais como os de Júpiter, e deles compõe o seu ano mais ou menos longo[10].

Nesse sentido e com essa intenção é que *Quincas Borba* deriva de *Memórias Póstumas de Brás Cubas*. Não basta supor, simplesmente e de maneira restrita, que a ligação entre os dois romances se opera em virtude de transposição e desdobramento de protagonistas de um no outro. Machado de Assis, do ponto de vista da composição dramática dos seus romances em geral voltada para a tessitura episódica, dá relevo aos caracteres que se confrontam ou se defrontam sob a agudeza da sua análise. Mas o que é fundamental é que ele subordina tudo isso a uma ordem mais geral de idéias. É a sua maneira de compreender e aceitar a condição humana, multiplicada em diversidades e contradições, embora admita que estas se reduzem a duas coordenadas dominantes, a do amor e a da glória, antagônicas, mais uma terceira, dada a possibilidade de conciliar as duas primeiras. Não foi por outro motivo que ele tanto se repetiu, quanto às exterioridades. O que se verifica de fato é a reincidência em idéias que progressivamente se esclarecem, como em situações, que, pelo aprofundamento da análise, se enriquecem com matizes novos, quer de limitação individual quer de amplitude geral.

Assim, no estudo da personalidade e do comportamento de Rubião, se o romancista delineia um destino particular, o faz equacionado com aquela ordem geral de idéias, sob o prisma de que a vida se compõe "rigorosamente de quatro ou cinco situações, que as circunstâncias variam e multiplicam-se aos olhos". Circunstâncias que, diga-se em tempo, são objetivas, mas com implicações substancialmente morais e psicológicas. No mundo de Rubião, convertem-se, subjetivamente, em realidades inevi-

---

10. Ed. cit., I, p. 543.

táveis que, na luta devoradora da existência, reconhecemos freqüentemente muito mais com indiferença do que com piedade. Então, o denominador comum ideal seria a aceitação neutra. É como naquela crônica sobre o suicídio do fazendeiro rico que se sentia pobre e temia a miséria, ou no conto "O Espelho", ou nas várias outras reflexões em que se reconhece e respeita a ilusão de cada um, ainda que este se aproxime do grande "abismo", como diria o próprio Rubião. Em *Memórias Póstumas de Brás Cubas*, por exemplo, Machado de Assis retoma mais uma vez o episódio do megalomaníaco do Pireu, para ajustá-lo à realidade comum e extrair dele, sem desfazê-lo, uma observação de natureza mais estritamente psicológica:

> De fato, era um dos meus criados que batia os tapetes, enquanto nós falávamos no jardim, ao lado. O alienista notou então que ele escancarara as janelas todas desde longo tempo, que alçara as cortinas, que devassara o mais possível a sala, ricamente alfaiada, para que a vissem de fora, e concluiu: – Este seu criado tem a mania do ateniense: crê que os navios são dele; uma hora de ilusão que lhe dá a maior felicidade da terra[11].

Contudo, Quincas Borba, de acordo com a sua teoria, observa que o criado verdadeiramente demonstrava o "orgulho da servilidade":

> [...] A intenção dele é mostrar que não é criado de *qualquer*. – Depois chamou a minha atenção para os cocheiros de casa-grande, mais empertigados que o amo, para os criados de hotel, cuja solicitude obedece às variações sociais da freguesia, etc. E concluiu que era tudo a expressão daquele sentimento delicado e nobre, – prova cabal de que muitas vezes o homem, ainda a engraxar botas, é sublime[12].

Lembremos Rubião ao lado de Quincas Borba, quando este viveu em Barbacena. Relacionemos esta circunstância com a que

---

11. Ed. cit., I, p. 546.
12. Ed. cit., I, pp. 546-547.

acabamos de apontar, como derivada da primeira. Invertamos a relação, isto é, partamos da segunda para a primeira, e encontraremos a origem da sugestão para o romancista e a explicação preliminar para o leitor, do estudo da megalomania de Rubião, e das ligações que assim se fazem substanciais entre um livro e outro. Recordemos a primeira parte do *Quincas Borba*, que é o passado de Rubião ao lado de Quincas Borba em Barbacena, encaixada na ação presente do romance, entre os capítulos III e XXVI. De fato, oferece os detalhes, sempre essenciais ou selecionados, para que se complete o quadro fundamental de ligação e de incidência da substância dos dois romances. O que vem antes, nos capítulos I a III, e o que vem depois, nos capítulos XVII a CXCIV, é uma demonstração conseqüente. O reequacionamento final e conclusivo está nos últimos capítulos, de CXCV a CCI. Nestas condições, opera-se, subjetiva e objetivamente, uma alternância de planos que se fundem na síntese final: 1º) 1 – denúncia da megalomania (caps. I a III) configurando a segunda metade do círculo existencial de Rubião, de cima para baixo; 2º) 2 – "orgulho de servilidade" (caps. IV a XXVI) primeira metade daquele círculo, de baixo para cima, como base da segunda metade; 3º) 1A – preenchimento do espaço circular pela demonstração de – 1 – (caps. XVII a CXCIV); 4º) 4 – reafirmação unificadora, pela conclusão, do mundo próprio de Rubião (caps. CXCV a CCI), o que nos impõe, numa visão retrospectiva, a seguinte redistribuição – 2, 1, 1A, 4. Na síntese conclusiva, dá-se a expulsão definitiva da possibilidade de equilíbrio de Rubião, desajustado socialmente e desequilibrado psiquicamente. Em conclusão, elimina-se um destino individual na grande luta da ambição e das vaidades humanas, isolando-o irremediavelmente, depois de devidamente utilizado.

Considere-se que em *Memórias Póstumas de Brás Cubas* não se apura saldo nem dívida entre o indivíduo e a vida, porque o propósito do Autor é a imposição de uma metade da condição humana. Mas em *Quincas Borba*, o fechamento do balanço acusa o déficit do indivíduo, em virtude da visão agora particularizadora da condição humana, ainda que nos limites daquela faixa entrevista no romance anterior. É que a ilusão alimentada pela ambição e pela vaidade, parcelas de egoísmo voltado para o amor da glória, acentua a necessidade da luta e do triunfo que elimina friamente o bom como "utilidade relativa" do mau. O fraco ou o passivo, o que é vencido, se arrasta numa forma de loucura como autodefesa contra a sua própria eliminação ou contra a ausência de solidariedade, que de alguma maneira passa a ser reconhecida. É o que se verifica com Rubião.

Os capítulos indicados do que consideramos primeira parte, do livro (– 2 –), prestam-se à mais rigorosa e incontestável análise, confirmando a segunda parte (– 1 – 1A –), demonstrativa. Primeiramente a inoculação em Rubião, embasbacado, mas entre ingênuo e interesseiro, do pensamento de Quincas Borba, para ele um grande homem. Mas o que lhe é transmitido essencialmente é a noção vaga de uma luta incessante em que o forte triunfa sobre o fraco e em que a eliminação é necessidade imperiosa de subsistência. E Rubião está na categoria dos fracos e impressionáveis. Em segundo lugar, o conhecimento que ele tem da megalomania de Quincas Borba; o cuidado de omitir o conteúdo da carta em que este denotava desequilíbrio; a posse do legado, uma vez recuperado o cão Quincas Borba, que havia sido dado à sua comadre quando sabia apenas da morte de Quincas Borba; a viagem para a Corte, durante a qual conhece Sofia e seu marido, Palha, que logo enxerga nele o simplório apalermado, com a riqueza inesperada, sem capacidade suficiente para conduzir-se.

A segunda parte é o desdobramento paralelo das linhas que se originam nos focos indicados, quase concomitantemente demarcados. É ativa e positiva, calculada e fria, a linha que exprime o comportamento de Palha e Sofia, os quais se fundem como

138   REALIDADE E ILUSÃO EM MACHADO DE ASSIS

"a mão e a luva" – mas com objetivos inversos aos do romance assim designado – para o triunfo de suas ambições devoradoras. É passiva e conduzida, em relação ao plano objetivo da luta que esmaga o fraco, no caso de Rubião. Como se fosse predisposto, ele é impulsionado ao devaneio compensador, até se dar inteiramente à fuga desequilibrada. Transversalmente, mas sofrendo corte, em vez de cortar, entrevemos a linha invisível que chama Rubião ao seu ponto de origem humilde, ao qual retornará, mas insano, isto é, eliminado. E a referência que limita o início e o fim desta linha é a presença humilde e solitária da comadre de Rubião. Ambos, como bons, se fazem "utilidade relativa" do mal, de acordo com a fórmula sugerida em *Memórias Póstumas de Brás Cubas*.

A linha transversal, conforme é delimitada na obra, leva-nos à intenção do Autor de ressaltar implicações sociais e psicológicas da trajetória e das vicissitudes de Rubião, seduzido por glórias ilusórias:

> Santas pernas! Elas o levaram ainda ao canapé, estenderam-se com ele, devagarinho, enquanto o espírito trabalhava a idéia do casamento. Era um modo de fugir a Sofia; podia ser ainda mais.
>
> Sim, podia ser também um modo de restituir à vida a unidade que perdera, com a troca do meio e da fortuna; mas esta consideração não era propriamente filha do espírito nem das pernas, mas de outra causa, que ele não distinguia bem nem mal, como a aranha[13].

Todo o capítulo de onde extraímos o trecho acima, e mais os dois capítulos seguintes, são expressivos no sentido indicado. Quanto ao mais, em gradação pormenorizada, é bastante acompanhar cuidadosamente a evolução do desequilíbrio de Rubião. Reconhecemos as duas constantes mencionadas e expressamente indicadas mais de uma vez: o desajustamento, pela mudança de

---

13. Ed. cit., I, p. 626.

meio e de estado, e o amor frustrado, ou antes, a sedução por fingida aventura amorosa, já sob o estímulo dos sentidos perturbados pela antevisão de um mundo de grandezas geradas pela riqueza inesperada. O espírito vadio e facilmente impressionável de Rubião, leituras, sugestões recolhidas, a corte dos bajuladores e parasitas em torno dele estimulam a ação solapante e acelerada da megalomania.

Diríamos que os componentes essenciais da obra são reconhecidos através das figuras da comadre de Rubião, de Rubião, do cão de Quincas Borba, de Palha e Sofia, os quais, com exceção da primeira, têm o percurso de suas existências e condutas detalhadamente investigado e analisado. Quincas Borba vivo, Quincas Borba morto, Quincas Borba transmigrado para o cão Quincas Borba alimenta a atmosfera do livro. É um frio Mefistófeles que aparece nos hiatos conscientes do supersticioso e simplório Rubião. É como se este, megalômano, fosse um pobre Fausto sem ciências, conforme a sugestão que se pode tomar, alusivamente, à presença das duas estatuetas – de Fausto e de Mefistófeles – que lhe foram compradas quando da instalação e decoração do seu palacete na Corte. Com o delírio da grandeza, ele pagaria o preço da vaidade que não lhe cabia como prêmio da vida, uma vez que no plano da existência em que é focalizado não existe alma para ser redimida.

Em *Quincas Borba*, portanto, nós temos o inverso da perspectiva de Brás Cubas, sendo ambos, porém, demonstrações cabais de uma visão pessimista da condição humana. Brás Cubas totaliza-a por ser participação calculada e cínica, ao mesmo tempo elemento catalítico; Rubião restringe-a, por ser a fraqueza a eliminar. Este não é propriamente exceção, é excrescência. Como se não bastasse o que se infere da leitura aproximada dos dois livros, encontramos, de um para o outro, situações exemplares ou substanciais, sob prismas opostos. Por exemplo, o episódio da criança salva por Rubião pode ser confrontado com o episódio do "Almocreve" de *Memórias Póstumas de Brás Cubas*, como demonstração do duplo ângulo de uma mesma situação, deslocando Rubião e Brás Cubas para extremos opostos. Considere-se, a propósito, o desdobramento posterior do episódio do salvamento da criança, nas seguintes circunstâncias: primeiro, de ela vir a participar da assuada de que será alvo Rubião, quando andava delirante pelas ruas; segundo, da indiferença dos pais que reconhecem em Rubião o salvador do menino.

Em *Memórias Póstumas de Brás Cubas* os personagens se definem e se configuram, na extensão de suas vidas, sinteticamente, a partir de uma situação selecionada. Diríamos, situação de proporções apenas episódicas, mas posta em evidência como ponto de convergência e divergência de linhas de penetração e interpenetração. Reduz-se ou até mesmo se despreza o interesse anedótico da conduta social, para surpreender nas suas diversidades as situações exemplares escolhidas como matrizes. Debaixo do ângulo de visão de Brás Cubas, elas convergem para um personagem único, que é a própria vida, indiscriminada. Em *Quincas Borba*, e cremos reformular pontos já considerados, os personagens se distribuem em categorias fundamentais e complementares. Os primeiros se distinguem dos demais. Totalizam, pela acumulação contínua de situações e reações em jogo paralelo, as trajetórias de suas existências, debaixo daquele sentido mais geral que se empresta à condição humana nos termos de *Memórias Póstumas de Brás Cubas*. Desta maneira, distinguimos como essenciais ou substanciais ao livro as figuras de Rubião, da comadre de Rubião, do cão Quincas Borba, de Sofia e Palha, além de Quincas Borba defunto.

Dado esse tratamento a tais personagens, o Autor se sujeita à necessidade de detalhar a composição da ambiência, jogando com tipos complementares, além de situações e circunstâncias tomadas não só como apoios diretos ou indiretos e também como censura ou em acatamento de elementos e aspectos da ordem social. Daí a pequena corte de parasitas aduladores e acomodatícios, cujos nomes nem sempre são mencionados: o explorador que suga sob a capa do pseudo-idealismo político ou do oportunismo; o narcisista; o simples e bom na sua mediania; a solteirona esperançosa, com o direito humano que lhe cabe de iludir-se; o bom e sincero, espontaneamente solidário. Já em pleno desenvolvimento do romance, em marcha acelerada para o desfecho, chega mesmo a dar ênfase à trajetória de alguns desses figurantes da vida, como uma tragicomédia, ou a lançá-los em primeiro plano. É o caso de Carlos Maria e Maria Benedita, e do casal Teófilo e Dona Fernanda, em contraste evidentemente com o casal Palha e Sofia, esta, curiosa personalidade feminina que se lança de corpo e alma a seus triunfos de nova-rica.

Compõe-se, finalmente, um jogo de interesses e definições de valores humanos e sociais. Sem dúvida Machado de Assis cedia ao impulso de atenuar a visão pessimista da vida, tão acentuada em *Memórias Póstumas de Brás Cubas*, opondo-lhe, em *Quincas Borba*, traços da perspectiva entrevista no seu primeiro grupo de romances. "Alguma coisa escapa ao naufrágio das ilusões", diria o próprio Machado de Assis. Transpomos para aqui esta reflexão que encerra um dos romances da primeira fase. É que então se encaminhava para a pesquisa que se faria predominantemente psicológica em *Dom Casmurro*. É a busca avançada do meio termo daquelas duas coordenadas fundamentais entrevistas em sua obra, uma predominante na primeira fase, a outra, nos dois romances que acabamos de apresentar do início da segunda fase.

5

Alguma Coisa Escapa ao Naufrágio das Ilusões

I

Em *Quincas Borba*, Machado de Assis volta ao uso da terceira pessoa conveniente ao ângulo de visão da realidade utilizado. Funciona, portanto, como recurso do processo narrativo, a favor da intenção do livro. Visa a uma demonstração particularizadora, complementando e reconfirmando a perspectiva geral de *Memórias Póstumas de Brás Cubas*, de que deriva *Quincas Borba*, refração do próprio ângulo de visão do romance anterior. Em *Dom Casmurro* (1889), retoma-se o uso da primeira pessoa, ou seja, a concepção do personagem-autor, autobiógrafo da sua experiência, como convém à narrativa memorialista. Reconhecemos aí, por sua vez, o ponto-chave de identidade, embora de natureza externa, entre *Dom Casmurro* e *Memórias Póstumas de Brás Cubas*.

É substancial, contudo, a diferença a ser apontada entre os dois romances que acabamos de indicar. No último, sendo o personagem-memorialista defunto, cria-se a impressão de que este se superpõe à sua própria experiência. Na verdade, ele se desprende dela para o melhor reconhecimento das matrizes fundamentais e dominantes da condição humana que nos é sugerida, enquanto, ao mesmo tempo, se converte no princípio perene e dinâmico que estampa suas matrizes. Assim, do geral é que se vislumbra o individual, o que justifica o desdobramento de *Memórias Póstumas de Brás Cubas* em *Quincas Borba*, para a visão particularizadora estudada.

Em *Dom Casmurro* o movimento é inverso. Reflete o ciclo existencial do indivíduo, atuante e justaposto ao ciclo biológico. Relembremos, porém, que a justaposição tanto pode ser contínua quanto pode sofrer a ruptura parcial de um dos ciclos, o que determina, no caso, uma duplicidade de perspectivas, sobretudo porque ambos estão sujeitos às delimitações de tempo, espaço e memória. Quer dizer, o ciclo existencial é expressão do mundo interior por traduzir a verdade de cada um, através do mito ou ilusão. Seu reconhecimento é a sua própria configuração determinada pela projeção do mundo interior no mundo exterior, maneira do homem encontrar a sua imagem. O impulso de projeção, portanto, exige o de retroação, isto é, uma mútua correspondência. Se esta perdura de indivíduo para indivíduo, ou de ilusão para realidade exterior, o que prevalece são as dimensões do mundo interior, em termos de espaço e duração. Verifica-se o entrosamento harmonioso da realidade interior com a objetiva. E espaço exterior e tempo histórico só significam nos termos indiscriminados das inter-relações humanas, ou das relações sociais e circunstanciais, quanto ao ciclo biológico. Ainda que um dos elementos cesse vitalmente, não cessará para o outro a duração, isto é, o ciclo existencial enquanto duração subjetiva independe do ciclo biológico.

Em oposição, admite-se a perspectiva, evidentemente, da não-correspondência ou da quebra parcial da correspondência, de um para outro. Para um, representa propriamente o desmoronamento da sua ilusão; quanto ao outro – considerando-se sempre que a realidade exterior em que se projeta o mundo interior do primeiro visa ao reconhecimento de si mesmo – verifica-se simplesmente a necessidade de substituição ou a intolerância em virtude da inarmonia das ilusões. Esta ilusão até então havia sido simulada, pelo que desilude. Ao desiludido, só restará tentativas de sobrevivências, desde a de recuperar a ilusão pela retroversão ao passado, no jogo da memória com o tempo histórico, até a de aceitação neutra.

É essa, a nosso ver, a mais significativa investigação que preside a concepção do *Dom Casmurro*. Dela derivam os ângulos de visão da obra: dois utilizados por Bentinho, o próprio personagem-autor memorialista; o terceiro, oferecido ao leitor, a fim de que configure para si mesmo a realidade que lhe é comunicada. E não há romance de Machado de Assis que exija tanto do leitor uma posição independente e pessoal. Talvez, em virtude dos temas-irmãos onde esbarra a sua investigação e que são fundamentais na obra: a solidão e a incomunicabilidade da verdade de cada um.

Solidão e incomunicabilidade são os componentes substanciais da realidade interior, que, por sua vez, tenta superá-las pelo mito ou pela ilusão, cuja imagem é refletida pelo espelho do mundo exterior. É em virtude do procedimento desse impulso de libertação, com o seu triunfo ou derrota, que eles são necessariamente relacionados com a memória. E cabe à memória o poder mágico de povoar aquele mundo interior ou deixá-lo sob o império da solidão e da incomunicabilidade, conforme opere a duração ou a evocação despojada afetivamente, ou o esquecimento, conforme, em suma, o triunfo ou a derrocada da ilusão. Nesse sentido, todo o segundo capítulo "Do Livro" – nos oferece fundamentos definidos. Vale a pena relembrá-lo como premissas básicas da nossa interpretação:

146   REALIDADE E ILUSÃO EM MACHADO DE ASSIS

Vivo só, com um criado. A casa em que moro é própria; fi-la construir de propósito, levado de um desejo tão particular que me vexa imprimi-lo, mas vá lá. Um dia, há bastantes anos, lembrou-me reproduzir no Engenho Novo a casa em que me criei na antiga Rua de Matacavalos, dando-lhe o mesmo aspecto e economia daquela outra, que desapareceu. [...................] O mais é também análogo e parecido. Tenho chacarinha, flores, legume, uma casuarina, um poço e lavadouro. Uso louça velha e mobília velha. Enfim, agora, como outrora, há aqui o mesmo contraste da vida interior, que é pacata, com a exterior, que é ruidosa.

O meu fim evidente era atar as duas pontas da vida, e restaurar na velhice a adolescência. Pois, senhor, não consegui recompor o que foi nem o que fui. Em tudo, se o rosto é igual, a fisionomia é diferente. Se só me faltassem os outros, vá; um homem consola-se mais ou menos das pessoas que perde; mas falto eu mesmo, e esta lacuna é tudo. ....
....

Entretanto, vida diferente não quer dizer vida pior; é outra coisa. A certos respeitos, aquela vida antiga aparece-me despida de muitos encantos que lhe achei; mas é também exato que perdeu muito espinho que a fez molesta, e, de memória, conservo alguma recordação doce e feiticeira. Em verdade, pouco apareço e menos falo. Distrações raras. O mais do tempo é gasto em hortar, jardinar e ler; como bem e não durmo mal.

.... Foi então que os bustos pintados nas paredes entraram a falar-me e a dizer-me que, uma vez que eles não alcançavam reconstituir-me os tempos idos, pegasse da pena e contasse alguns. Talvez a narração me desse a ilusão, e as sombras viessem perpassar ligeiras, como ao poeta, não o do trem, mas o do *Fausto*: Aí *vindes outra vez, inquietas sombras?*...[1]

Inicialmente concluímos que o primeiro ângulo de visão que se impõe ao personagem-autor é o do próprio memorialista, já no final desiludido de sua vida. Pressupõe-se que, desejando compensar a ilusão perdida, procurasse refazer o aparato exterior em que ela se compôs, para experimentar reviver na memória esta fase grata da existência. Do ponto de vista tempo e memória,

---

1. Ed. cit., I, pp. 729-730.

seria um impulso sentimental de reversão. Mas à fase grata sucedeu, com o naufrágio da ilusão, a fase dolorosa, marcada pelo conflito da incerteza em face da auto-afirmação e da necessidade do reconhecimento, em terceiros, da pessoa que legitima a vida afetiva. Finalmente, superados a incerteza e o sofrimento, com a derrocada da vida afetiva, uma terceira fase, aquela do final desiludido, sob o crepúsculo branco da solidão. Sugere-nos, esta terceira fase, o tempo presente do memorialista que, pretendendo reviver o início de sua experiência, aspira à retroversão para a introversão repovoadora do mundo interior, que é o das ilusões. Na sucessão cronológica das duas primeiras fases, evocadas, a decepção da segunda contamina a espontaneidade e a pureza da primeira, em virtude daquele impulso reversível ao passado que fora o das ilusões, correspondente à própria primeira fase. Coube-lhe, portanto, alimentar a duração da ilusão, que poderia ter permanecido se não tivesse sido abalada pelo poder corruptor que caracteriza a segunda fase. Nesse caso, assegurada a duração, esta segunda fase não teria existido. Mas existiu, e, existindo, não pode ser omissa na lembrança. Esta circunstância determina na memória a inevitável confrontação das duas fases, a segunda impedindo a reversão plena à primeira. Conseqüentemente, só restava ao memorialista aquela posição final, de vislumbrar sombras que perpassam, mas o suficiente para manchar o crepúsculo embranquecido da sua solidão.

Ainda que o ângulo de visão do solitário desiludido se projete do presente ao passado, impondo aquela perspectiva solapante, ele deriva de outros, isto é, daqueles que ficam subentendidos em relação à primeira e à segunda fase da existência do próprio memorialista. Preenche a trajetória que se estende da infância à velhice solitária de Bentinho. Estabelece-se, assim, um movimento de fluxo e refluxo nos dois primeiros terços desta verdadeira coordenada centralizante, que é o ângulo de visão principal, isto é, o do solitário. E o duplo movimento, de contrários, só se anula de fato no ponto estático em que se converte a separação entre o segundo e o último terço da trajetória de Bentinho, para exprimir a verdadeira dimensão interior do homem, isto é, do personagem-autor. O romance, portanto, divide-se nitidamente em três partes. As duas primeiras sucedem-se e se entrelaçam num plano existencial ativo, quer dizer, dinâmico, em função da pessoa moral e afetiva; a terceira, neutra, é ao mesmo tempo neutralizante desde o momento em que se tenta projetá-la do presente ao passado, ou melhor, do desfecho consumado e aceito para o princípio que é o mesmo da primeira fase. Subjetivamente, essa tridivisão se ajusta aos dois únicos planos da existência do personagem-autor: o de projeção, ou de procura exterior da sua imagem, e de introversão, ou de recolhimento e aceitação indiferente da solidão e incomunicabilidade.

Se reduzirmos o esquema estrutural proposto à visão gráfica de um cone, podemos dizer que o primeiro plano repousa na base da figura, enquanto o segundo se equilibra no seu vértice. Daí é que se reconhecem o eixo e as geratrizes que se recompõem de cima para baixo e se desfazem de baixo para cima. Não é preciso dizer que o fluxo determinante da recomposição, e o refluxo, desvanecedor, correspondem a uma minuciosa e penetrante análise que resulta na síntese final do reconhecimento de condição humana. Esta é reduzida a uma verdade particular, embora sujeita a forças obscuras. Compare-se o texto anteriormente transcrito com o seguinte:

> [...] Mas não é este propriamente o resto do livro. O resto é saber se a Capitu da Praia da Glória já estava dentro da de Matacavalos, ou se esta foi mudada naquela por efeito de algum caso incidente. Jesus, filho de Sirach, se soubesse dos meus primeiros ciúmes, dir-me-ia, como no seu cap. IX, vers. 1: Não tenha ciúmes de tua mulher para que ela não se meta a enganar-te com a malícia que aprender de ti. Mas eu creio que não, e tu concordarás

ALGUMA COISA ESCAPA AO NAUFRÁGIO DAS ILUSÕES   149

comigo; se te lembras bem da Capitu menina, hás de reconhecer que uma estava dentro da outra, como a fruta dentro da casca.

E bem, qualquer que seja a solução, uma coisa fica, e é a suma das sumas, ou o resto dos restos, a saber, que a minha primeira amiga e o meu maior amigo, tão extremosos ambos e tão queridos também, quis o destino que acabassem juntando-se e enganando-me... A terra lhes seja leve! Vamos à *História dos Subúrbios*[2].

Certamente, a primeira parte de *Dom Casmurro* corresponde à infância e à adolescência de Bentinho, ao lado de Capitu, vizinhas que eram as respectivas famílias. Pelas sondagens feitas por Machado de Assis, somos levados a reconhecer a importância que ele dava às nossas experiências iniciais no processo de captação de impressões e dimensões da realidade exterior. Atuantes nos traços inatos do caráter ou da personalidade em desenvolvimento, resultariam na média definidora da pessoa em correlação com as aspirações afetivas. Subordina-se, outrossim, a uma compreensão psicológica determinista. Por tudo isso, é que se faz indispensável a recomposição do círculo familiar e das relações iniciais de Bentinho, em confronto com Capitu. E é do estudo básico dos dois caracteres em formação, mas distintamente, que surge aquele terceiro ângulo de visão referido atrás, oferecido ao leitor e utilizado também pelo romancista. Para acentuar a perspectiva neutra de Bentinho desiludido, foi esse o recurso mais adequado. Em suma, exercida a análise sempre nos limites da vida moral e afetiva, debaixo do ângulo de visão-eixo de Bentinho, para que as duas personalidades, a de Bentinho e a de Capitu, assomassem definidas e autônomas, era indispensável que não se impusessem as conclusões do próprio Bentinho. Ao demais, o Autor nunca oferece situações concretas ou objetivadas. São entrevistas, su-

---

2. Ed. cit., I, p. 870.

geridas ou insinuadas sempre naquele plano composto pela vida moral e afetiva. Mesmo as implicações sociais são inferidas.

Incontestavelmente, todos os elementos básicos que se desencadeiam no mundo do adulto, precipitando o desmoronamento de sua ilusão, emanam do círculo familiar de Bentinho. Não é difícil surpreender aí, na primeira parte do livro, os instantes-chave, que possibilitam associações posteriores, na segunda parte. Reconheçamos, inicialmente, essa divisão em partes, o que aliás é evidente: a primeira parte estende-se do capítulo III ao C; a segunda, do capítulo CI ao CXLVI. Até os títulos destes capítulos limitadores – III, C, CI, CXLVI – são significativos quanto à aproximação a que devemos submetê-los: "A denúncia" que resulta na consciência do namoro de Bentinho e Capitu e "Tu serás feliz, Bentinho!" o que é, pela expectativa do casamento de ambos, a antevisão culminante da ilusão gerada na infância e na adolescência. Inicia-se a segunda parte com o capítulo "No Céu": sugere o clímax da felicidade aspirada; e o último, "Não Houve Lepra", a consumação do desmoronamento. Os dois primeiros capítulos do romance, "Do Título" e "Do Livro", e os dois finais, "A Exposição Retrospectiva" e "E Bem, e o Resto?", delineiam em tempo presente o plano vertical da obra, o qual penetra a dentro dos planos confrontados das duas primeiras partes, estas em tempo passado e submetidas assim ao desejo de retroversão derivado da situação presente.

Como dissemos, a primeira parte do livro é a base do cone. Oferece os elementos essenciais às inferências e associações, aos contrastes e às contradições, incertezas que perpassam a segunda parte e compõem o clima do desmoronamento da ilusão. Mas sugere ao mesmo tempo a medida do que pode escapar "ao naufrágio das ilusões". E a sugestão está no quadro familiar de Bentinho, paralelamente com o de Capitu. No primeiro, temos Dona Glória, mãe viúva, vivendo do amor ao filho, da lembrança do

ALGUMA COISA ESCAPA AO NAUFRÁGIO DAS ILUSÕES 151

marido, grata e fiel, e, quanto à religião, temente a Deus; o tio Cosme; a prima Justina; o protonotário Cabral; José Dias, digno e dedicado na sua posição de parasita agregado; e a criadagem. Todos vivem com sossego, nobreza de gestos e atitudes, espontâneos, amigos e afetuosos, mas sem efusões; a única ameaça de discrepância é um resto de amargor em prima Justina. Ricos e prestigiados não alimentam, contudo, qualquer forma de prepotência. Ao lado deles, está o grupo familiar de Capitu, reduzido a esta e a seus pais. Encontram-se em condição inferior, mas com esperanças de ascensão social, entre um ou outro insucesso. Para o final da primeira parte, surgem Escobar e Sancha, os quais, juntamente com Bentinho e Capitu, se unirão como grupo pivô da segunda parte. Bentinho define-se bom para a vida, puro e ingênuo, por isso mesmo aberto às inoculações do veneno da malícia e da dúvida, que atuará nele, quando a sua visão ideal do mundo principia a ser abalada. Capitu é a ambição calculada e a dissimulação pronta, rápida e segura. Bentinho está para Sancha assim como Capitu está para Escobar. Mas os triângulos não se entrelaçam, não chegam a compor a pirâmide.

Talvez caiba a José Dias o papel involuntário do poder catalítico do mal, no sentido em que é o inoculador daquele veneno da dúvida e da decepção em Bentinho, através de insinuações que, não obstante, considera atos bons de dedicação àqueles de quem depende. Apesar de observador sem malícia, partem dele advertências e comentários, que resultam na formação da consciência de sentimentos e situações, e até de traços de caráter, inicialmente ainda não identificados. A propósito, destacamos dois capítulos importantes, o III – "A Denúncia" e o XXXII – "Olhos de Ressaca", este desdobrado no seguinte – "O Penteado", além do capítulo LXII – "Uma Ponta de Iago". O primeiro resulta na passagem das relações infantis, dos jogos de criança de Bentinho e Capitu, para os jogos de amor, como expressão inicial da ilusão do adulto.

O segundo é a curiosidade despertada para o reconhecimento posterior do traço marcante da personalidade de Capitu, exteriorizado no olhar e coincidindo com a revelação da leviandade da jovem. Sobre tudo isso, a sua capacidade de dissimulação e rápido domínio emocional. Citamos precisamente dois detalhes, altamente significativos, que estabelecem a unidade psicológica entre as duas primeiras partes do livro, segundo a divisão proposta. Do capítulo XXXII, da primeira parte, o seguinte:

> Tinha-me lembrado a definição que José Dias dera deles, "olhos de cigana oblíqua e dissimulada". Eu não sabia o que era oblíqua, mas dissimulada sabia, e queria ver se se podiam chamar assim. Capitu deixou-se fitar e examinar. Só me perguntava o que era, se nunca os vira; eu nada achei extraordinário; a cor e a doçura eram minhas conhecidas. A demora da contemplação creio que lhe deu outra idéia do meu intento; imaginou que era um pretexto para mirá-los mais de perto, com os meus olhos longos, constantes, enfiados neles, e a isto atribuo que entrassem a ficar crescidos, crescidos e sombrios, com tal expressão que...
>
> Retórica dos namorados, dá-me uma comparação exata e poética para dizer o que foram aqueles olhos de Capitu. Não me acode imagem capaz de dizer, sem quebra da dignidade do estilo, o que eles foram e me fizeram. Olhos de ressaca? Vá, de ressaca. É o que me dá idéia daquela feição nova. Traziam não sei que fluido misterioso e enérgico, uma força que arrastava para dentro, como a vaga que se retira da praia, nos dias de ressaca. Para não ser arrastado, agarrei-me às outras partes vizinhas, às orelhas, aos braços, aos cabelos espalhados pelos ombros; mas tão depressa buscava as pupilas, a onda que saía delas vinha crescendo, cava e escura, ameaçando envolver-me, puxar-me e tragar-me. Quantos minutos gastamos naquele jogo? Só os relógios do céu terão marcado esse tempo infinito e breve. A eternidade tem as suas pêndulas; nem por não acabar nunca deixa de querer saber a duração das felicidades e dos suplícios[3].

Ao que se segue o capítulo XXXIII – "O Penteado" – completando a primeira experiência da sensação amorosa. Num caso e

---

3. Ed. cit., I, p. 763.

noutro, a evocação sugere, de maneira viva e intensa, a emoção do instante indelével. Mas o que acontecerá posteriormente, a saber, o desmoronamento da ilusão condicionadora dessas emoções, sendo ao mesmo tempo limitada por elas, impede a sua permanência, isto é, que tais emoções se encadeiem e subscrevam a duração ininterrupta, até mesmo depois da extinção da pessoa física de Capitu. E a interrupção acontece em dado momento-chave, por uma associação que aguardava seu instante único. É quando Bentinho compõe para si, de maneira definitiva, o perfil de Capitu, conforme o demonstra o trecho do capítulo CXXIII, "Olhos de Ressaca", na ocasião do enterro de Escobar:

> [...] A confusão era geral. No meio dela, Capitu olhou alguns instantes para o cadáver tão fixa, tão apaixonadamente fixa, que não admira lhes saltassem algumas lágrimas poucas e caladas.
>
> As minhas cessaram logo. Fiquei a ver as dela; Capitu enxugou-as depressa, olhando a furto para a gente que estava na sala. Redobrou de carícias para a amiga, e quis levá-la; mas o cadáver parece que a retinha também. Momento houve em que os olhos de Capitu fitaram o defunto, quais os da viúva, sem o pranto nem palavras desta, mas grandes e abertos, como a vaga do mar lá fora, como se quisesse tragar também o nadador da manhã[4].

Outras aproximações podem ser feitas para melhor esclarecimento desse jogo associativo entre a primeira e a segunda parte, do que resulta a duplicidade do ângulo de visão dos fatos evocados. São os que se entrevêem em toda a pureza do momento em que ocorrem. É quando Bentinho aceita espontaneamente a personalidade de Capitu; e o de revisão, que se impõe a partir daquele instante agudo do capítulo CXXIII, para incidir e prevalecer na segunda parte, a contar do capítulo CI. Além do que já apontamos da primeira parte, lembramos a mais os capítulos XVII – o da

---

4. Ed. cit., I, p. 851.

toada das cocadas, XXX – "O Santíssimo", LXXXIII – "O Retrato", XCIV – "Idéias Aritméticas", XCIX – "O Filho é a Cara do Pai", e C – "Tu Serás Feliz, Bentinho". Na segunda parte, os capítulos CI – "No Céu", CVI – "Das Libras Esterlinas", CVII – "Ciúmes do Mar", CXI – "As Imitações de Ezequiel", CXIII – "Embargos de Terceiros", CXV – "Dúvidas sobre Dúvidas", CXXXV – "Otelo", e o que é definitivo para a consumação da desilusão de Bentinho, o capítulo CXXXIX – "A Fotografia". O que se segue, depois deste último citado, já penetra no plano da terceira parte, a evidência presente da perda irremediável da ilusão e o encontro definitivo com a solidão, de vez intransponível. Retomando a imagem do cone, é curioso observar como vão sendo eliminados progressivamente os sentimentos de Bentinho, decepcionados e decepcionantes, até que ele se encontre absolutamente só, no vértice da sua existência.

II

Ao chegar a *Dom Casmurro*, Machado de Assis acentua o seu propósito de explicar os atos humanos, com relação à responsabilidade individual, como uma resultante do azar das circunstâncias, com encontros e desencontros, mas também como conseqüência do jogo do destino. Vê assim nesses atos humanos a expressão sombria e flageladora da luta muito mais inconsciente do que consciente entre o indivíduo e a vida, freqüentemente disfarçada pela emoção condicionada por fatos e situações de aparências convencionais. E é essa circunstância que impede o discernimento da verdade interior no momento exato em que se verifica um impacto emocional, de forma que, só depois de superá-lo, é possível reconsiderá-la e ponderá-la friamente. Daí a acusação de frieza quase desumana que tem recaído injustamente sobre o próprio Machado de Assis. Por outro lado, é o que explica a preferência que ele teve por processos técnicos e expressivos em que se sentiu mais à vontade, isto é, aqueles correlacionados com a narrativa memorialista. Nela, o personagem é personagem-autor, com o poder subjetivo de evocar a experiência passada, sem que, porém, necessariamente e sempre, mergulhe em estado vivencial. Pelo contrário, no caso da perspectiva de Bentinho desiludido, este se deixa dominar pela impassividade da reflexão e da auto-análise. Ainda que por vezes projetada em terceiros, esta atitude se converte em verdadeiro processo de catarse, como recurso autopurificador da própria vida, depois de haver submetido o indivíduo à tortura da flagelação.

Sabemos que *Dom Casmurro* é reconhecido como o romance da dúvida. Se alguns dizem do ciúme, preferimos dizer da dúvida, com o seu cortejo de angústia e ameaça de solidão, perpassando esperanças e alegrias, decepções e tristezas. Diríamos mais, que é por excelência o romance que exprime o conflito atroz e insolúvel entre a verdade subjetiva e as insinuações de alto poder de infiltração, geradas por coincidências, aparências e equívocos, imediata ou tardiamente alimentados por intuições. Daí os deslocamentos entre ângulos opostos, mas justapostos, de visão da realidade objetiva e de revisão da realidade subjetiva. De um para outro, perduram os espaços das posições extremas, irreconciliáveis, desde a confiança inconseqüente até a incerteza que nunca se desfaz ou nunca se comprova. Porque tudo tem o seu preço. Mais do que a nossa vontade consciente e as nossas esperanças e ilusões, o que parece governar são forças obscuras e caprichosas que nos convertem em instrumentos da vida.

Se é válida a interpretação, justifica-se o procedimento de Bentinho, o personagem-autor de *Dom Casmurro*, em não se preocupar com a fixação de fatos e incidentes nem com emoções e reações correspondentes, para ressaltar simples e objetivamente as relações externas entre o homem e a realidade prática. Coloca-se, pelo contrário, numa perspectiva neutra e remota procurando antes de tudo reconhecer, em relação com terceiros, ao azar das circunstâncias e sob o jogo obscuro do destino, as próprias forças latentes, atuantes e obscuras da condição humana, que incidem nele, para submetê-las à análise. Assim, se vislumbramos na atitude atribuída a Bentinho um impulso do sentimento trágico da existência, podemos então aceitar aquele processo de análise autopurificadora como o único recurso de salvação. Proporcionará, pelo menos, a resignação e a aceitação neutras. Não importa, nesse caso, e seria mesmo inevitável, que o indivíduo chegue ao esvaziamento da existência.

Para Machado de Assis, conforme o que se entrevê notadamente em *Dom Casmurro*, a concepção trágica da vida não implica em impulsos violentos, primitivos e passionais. Não resultam na eliminação ou na morte brutal da pessoa física, apesar de sugestões, mais de uma vez encontradas no próprio texto da obra, tomadas ao *Otelo*. Na verdade a sua concepção repousa no fluxo e refluxo da destruição fria, determinados por conflitos que destroem a ilusão de vida de cada um, ao mesmo tempo submetida à análise. E a ilusão torna-se alimento gulosamente devorado por forças incontroláveis, propulsionadas pelo mecanismo de análise. Somos então lançados contra o que podemos chamar bem ou mal e que até nos podem fazer heróis, mártires, felizes, infelizes ou miseráveis. Em compensação da tortura dolorosa que se inflige a si mesma, a pessoa humana pode purificar-se, embora, por isso mesmo, seja desumanamente reconduzida à sua verdadeira condição, de solitário e incomunicável.

Pode então o homem ser responsabilizado pelo que foi nos limites das próprias contingências humanas? A resposta está na análise que se faz de Capitu, resultando naquela conclusão de que o adulto já estava na criança, que aquele seria o que foi e não

ALGUMA COISA ESCAPA AO NAUFRÁGIO DAS ILUSÕES   157

o que aspirava ou que lhe sugeriam valores e dimensões que o envolviam. Nas mesmas condições, situamos Bentinho. Ressaltamos, assim, como inevitável o conflito entre aquilo que se é e o que se pretende ser inspirado por valores e dimensões que nos cercam. Ao demais, considere-se como um fluido, que emana de uma situação para a outra, o poder indefinível de nos reduzir a verdadeiros títeres do destino. E mais de uma pergunta se formula, em face dos propósitos de Bentinho: seria possível, como ele pretendia, atar as duas pontas da vida? A evocação buscada nos reverte à felicidade que se perdeu ou cessou com a quebra da ilusão? É possível repassar emocionalmente os caminhos percorridos? Lembramos que, nas circunstâncias de Bentinho e Capitu, havia sido apagado o colorido emocional que dera relevo às suas linhas. Não seria possível reencontrá-las. Então, equívocos, desentendimentos, compreensões e incompreensões, identificações, sinceridade ou dissimulações, tudo se reduz ao denominador comum da solidão e da incomunicabilidade. Reconhece-se, em suma, ao lado do determinismo psicológico, um fatalismo incontrolável e absorvente, capaz de esmagar as melhores intenções da vontade e da consciência.

Ficou evidente que, em *Dom Casmurro*, o romancista aprofunda a pesquisa em busca do reconhecimento da verdade interior de cada um. Entende-se que essa verdade interior seja tudo aquilo que, autêntico no indivíduo, se converte ou não em aspiração ou ideal de vida. De natureza essencialmente subjetiva, só pode ser reconhecida objetivamente quando em harmonia ou desarmonia com a verdade de outrem. Resulta daí o seu compromisso com a realidade exterior, evidenciando a individualidade de cada um. Em outros termos, existimos em função do nosso semelhante, como recursos contra a solidão e a incomunicabilidade que nos são inerentes. Por isso mesmo, se nos projetamos em alguém ou em alguma coisa, em procura do apoio exterior de nossa vida, nós nos recompomos numa condição aparente e precária, como se víssemos num espelho a imagem ideal.

Realmente, contra a pressão angustiante ou contra o vazio estéril da solidão e da incomunicabilidade, que são as raízes mais legítimas da condição humana, compomos o nosso mundo interior, ilusoriamente configurado, como imagem de espelho, conforme o conto "O Espelho – Uma Teoria da Alma Humana". Conforme ainda a sugestão de *Dom Casmurro*, melhor definida, caso falte e se denuncie a incorrespondência, o espelho se parte e a mesma ilusão se desfaz. A nossa imagem projetada, conseqüentemente se recolhe e somos revertidos à condição essencial da solidão e da incomunicabilidade. Se a pessoa física subsiste ao ciclo da ilusão que se desfez, somente lhe resta, além da própria aniquilação física, a misantropia ou as múltiplas formas da indiferença. Por outro lado, nessa sobrevivência, seja do decepcionado seja do decepcionante, só é possível a preservação do primeiro.

Machado de Assis, sem ênfase e sem qualquer desvio da inteligência especulativa, numa linha de equilíbrio perfeito, retoma a visão evidente nos primeiros romances e contos. Certamente passa pelo crivo da matriz pessimista, expressa em *Memórias Póstumas de Brás Cubas* e *Quincas Borba*. Por isso mesmo, em *Dom Casmurro*, ele confronta as duas perspectivas, para o ajuste final da composição ou dos fios de que se faz o tecido de sua obra, arrematado com *Esaú e Jacó* e *Memorial de Aires*.

6

A Perfeição Buscada e Alcançada

I

Machado de Assis reconheceu nas vicissitudes da trajetória do homem a presença atuante do poder conjugado da fatalidade e do mistério, isto é, do inexplicável. Não que ele acreditasse numa coisa ou noutra. Se assim procedeu foi antes em virtude da explicação insuficiente do que em contradição com seu pensamento analítico. Podemos chegar a esclarecimentos sociais, morais, éticos, metafísicos. O que perdura, na compreensão comum, limitada, é a impressão vaga e indefinida do destino que pune e adverte o homem. Nem sempre se leva em conta o livre-arbítrio, ou seja, o direito de escolha da pessoa adequada ou não. As interrogações ou os protestos inconformados, por isso mesmo, são freqüentes no mundo que abriga a concepção machadiana do amor. Admite-se, porém, o exemplar: erigido ao plano sugestivo das forças punitivas e expurgantes, visa ao destino comum. É como se a própria vida se autopurificasse no processo contínuo e vigiado da procura e da recomposição de uma linha substancial de harmonia e perfeição. E a sua meta final é assim incessantemente buscada, uma vez que a realidade gerada pelos contactos humanos, sempre insatisfeitos, continuamente a apaga. Nos termos propostos, devemos considerar a filiação da obra de Machado de Assis às impressões poderosas que lhe deixaram a leitura de trágicos gregos e de Shakespeare. Acrescentem-se as contingências exteriores da vida, submetidas, na sua transposição ao mundo da ficção, para a demonstração sintética da veracidade. Ainda mais, deve ter pesado também de maneira considerável a necessidade religiosa, ou melhor, o sentimento evangélico, que leva Machado de Assis a reconhecer a presença vigilante e a assistência reconfortadora de Deus ou o imponderável do próprio sentimento cristão.

A propósito de Helena, protagonista do romance de mesmo nome, o Autor, ainda na velhice, confessa manter a particular simpatia que sempre lhe dedicou. Tanto mais que, no desenrolar da narrativa, ele evitou para si e para o leitor qualquer forma de julgamento direto da heroína: ao contrário, ela avulta banhada da simpatia e comoção dos que a rodeiam. É por sugestão do romancista que o leitor a pressente fora do tempo e do espaço, embora vítima das fraquezas e concessões alheias em jogo com as grandezas humanas. Agora, em *Esaú e Jacó* (1904), verifica-se o mesmo em relação a Flora, talvez mais desprendida da terra do que Helena. Lembremos a pungência, mas com o poder de resignar, que o romancista empresta ao momento da morte de Helena, transcrito em parte anterior. Comparemo-lo com o quadro da morte de Flora, de transparente pureza, igualmente com o poder mágico da aceitação tranqüilizadora:

> A morte não tardou. Veio mais depressa do que se receava agora. Todas [as pessoas] e o pai acudiram a rodear o leito, onde os sinais da agonia se precipitavam. Flora acabou como uma dessas tardes rápidas, não tanto que não façam ir doendo as saudades do dia; acabou tão serenamente que a expressão do rosto, quando lhe fecharam os olhos, era menos de defunta que de escultura. As janelas, escancaradas, deixavam entrar o sol e o céu[1].

---

1. Ed. cit., I, p. 1009.

A PERFEIÇÃO BUSCADA E ALCANÇADA · 161

Encontramos nos quadros referidos um profundo sentimento, sobretudo de simpatia humana, que aproxima e une os dois romances. Em ambos, é evidente a concepção trágica da vida, presidindo o destino das duas heroínas, mas sob a atmosfera que as envolve como manto protetor contra as fraquezas terrenas. Igualmente, podemos estabelecer uma correlação estreita entre a presença do Padre Melchior num romance e a do Conselheiro Aires no outro, em comunhão íntima com o próprio Autor, que, ao mesmo tempo, lhes toma e empresta reflexões ponderadas e justas. Mas, no sentido geral aqui proposto e que nos leva à aproximação dos dois livros, é *Esaú e Jacó*, sem dúvida alguma, romance de extraordinária densidade, enriquecido pela reflexão e análise, amadurecidas, da sua substância temática.

É freqüente lermos na obra do romancista, às vezes com o grifo da ironia comum às crônicas, a meia aceitação da fatalidade e do mistério. Dissemos que chegou a irritar-se com o espiritismo, gracejou com as formas primárias da crença ou da superstição. Seja ou não com ironia, demonstrando as manifestações iniciais da loucura de Rubião, ele indica, no espírito ingênuo deste personagem, a retomada de impressões marcantes recebidas na infância, a saber, as alusões à transmigração. Foi assunto que preocupou o cronista, sugerido por leituras. Transfere-o daí para o romance. Procura, neste caso, a ambientação, que lhe possa ser adequada como manifestação primária de conduta humana, com poderes no inconsciente coletivo. Na qualidade de cronista, preocupado com o conceito de progresso e evolução, ao apreciar a difusão do espiritismo em fins do século XIX, ele via na sua prática não só uma ameaça ao equilíbrio psíquico do homem, como uma revivescência de comportamento primário. E nas crônicas, como sabemos, tudo vem sublinhado pela ironia:

Entretanto, pergunto eu: não se dará o progresso, algumas vezes, na própria terra? Citarei um fato. Conheci há anos um velho, bastante alquebrado e assaz culto, que me afirmava estar na segunda encarnação. Antes disso, tinha existido no corpo de um soldado romano, e, como tal, havia assistido à morte de Cristo. Referia-me tudo, e até circunstâncias que não constam das escrituras. Esse bom velho não falava da terceira e próxima encarnação sem grande alegria, pela certeza que tinha de que lhe caberia um grande cargo. Pensava na coroa da Alemanha... E quem nos pode afirmar que o Guilherme II que aí está, não seja ele? Há, repetimos, coisas na vida que é mais acertado crer que desmentir; e quem não puder crer, que se cale[2].

Para o que pretendemos demonstrar, silenciemos o riso dos primeiros períodos, e retomemos o último como o reconhecimento da incerteza admissível. Não é de estranhar que contenha uma das sugestões inspiradoras dos componentes de *Esaú e Jacó*. E dizemos uma sugestão, porque ela só não bastaria a Machado de Assis, como aceitação do inevitável e inexplicável pelo mistério, seja considerado ou não somente quanto à sua aparência. Por isso, com aquela sugestão, se ajusta uma outra, que também encontramos em crônicas. Numa, datada de 29 de setembro de 1895, a propósito do artesanato de loucos, ele escrevia:

> Não, devota amiga de minha alma, o asilo que buscarei, quando a vida for tão agitada como a desta semana, não é o céu, é o Hospício dos Alienados. Não nego que o dever comum é padecer comumente, e atacarem-se uns aos outros, para dar razão ao bom Renan, que pôs esta sentença na boca de um latino: "O mundo não anda senão pelo ódio de dois irmãos inimigos". Mas, se o mesmo Renan afirma, pela boca do mesmo latino, que "este mundo é feito para desconcertar o cérebro humano", irei para onde se recolhem os desconcertados, antes que me desconcertem a mim[3].

E em outra crônica, datada de 6 de setembro de 1896, colhemos mais esta reflexão:

2. Ed. cit., III, p. 567.
3. Ed. cit., III, p. 697.

A PERFEIÇÃO BUSCADA E ALCANÇADA 163

[...] O cabo tem contado coisas de arrepiar. Na capital turca empregaram-se centenas de coveiros em abrir centenas de covas para enchê-las com centenas de cadáveres. Não nos dizem, é verdade, se na morte ao menos foram irmanados cristãos e maometanos, mas é provável que não. Ódio que acaba com a vida, não é ódio, é sombra de ódio, é simples e reles antipatia. O verdadeiro é o que passa às outras gerações, o que vai buscar a segunda no próprio ventre da primeira, violando as mães a ferro e fogo. Isto é que é ódio[4].

Considere-se, finalmente, a sugestão tomada à lenda do dilúvio, que inspira o conto "Na Arca – Três Capítulos Inéditos do Gênesis". Esta e as demais sugestões indicadas convergem para uma alusão a passo dos *Evangelhos*. Insinuam as premissas que nos levam ao mito do ódio originário como um estigma da inconformidade humana. Vislumbraríamos assim a geratriz de *Esaú e Jacó*. Ela também deve ser pensada em termos do falso triângulo Pedro, Paulo e Flora, que requer antes de mais nada a análise. Mas uma interpretação não anula a outra. Pelo contrário, se completam. Nascem dois gêmeos, Pedro e Paulo. Existia então, apoiada pela opinião pública e pela crença popular, uma cabocla tida como poderosa visionária, senhora dos segredos do futuro. A mãe dos gêmeos procura consultá-la, veladamente, sobre o destino deles. Fica sabendo que eles brigaram no seu próprio ventre e ouve o prognóstico de que seriam "grandes no futuro". Mas não recebe qualquer explicação, a não ser que se trata de "coisas futuras", o que lhe impressiona em virtude do ritual primário e sensualista que a envolve durante a consulta. O marido, ao saber desta consulta misteriosa da esposa, procura por sua vez esclarecer-se no espiritismo, em que já se iniciara.

Essas situações e as explicações de terceiros são pontilhadas pela ironia do Autor. Seus comentários quando muito se fazem

4. Ed. cit., III, p. 746.

por comparações e aproximações com situações conhecidas pela tradição. É dessa maneira que reconhecemos sua preocupação de sondar o tema do ódio, neste admirável romance, como um estigma originário da inconformidade humana. Admite que os simples se iludem com o desdobramento cabalístico do mistério (cf. caps. XIV e XV). Por isso se entregam à expectativa angustiosa e sofrida, como é o caso da mãe dos gêmeos, Natividade. E o que parece mistério, se não encontra uma explicação científica, continua mistério, alimentando a fatalidade.

Com tais pressupostos, compondo a atmosfera própria dos familiares de Pedro e Paulo, oferece-se mais tarde aos seus olhos adolescentes a figura também adolescente de Flora. Entrementes, os gêmeos foram criados sob a preocupação de Natividade, num ambiente de comunhão íntima. Contudo ela não pensou na necessidade de sobrepor sua autoridade à assistência afetiva, principalmente àquela insinuação consoladora de que eles seriam grandes no futuro. De fato, essa esperança se acentuará progressivamente como compensação aos desentendimentos e rivalidades que mais e mais se acentuam entre os gêmeos. Ela é minuciosamente demonstrada pelo romancista. Ela nos deixa supor que a boa educação teria sido proveitosa:

> De noite, na alcova, cada um deles concluiu para si que devia os obséquios daquela tarde, o doce, os beijos e o carro, à briga que tiveram, e que outra briga podia render tanto ou mais. Sem palavras, como um romance ao piano, resolveram ir à cara um do outro, na primeira ocasião. Isto que devia ser um laço armado à ternura da mãe, trouxe ao coração de ambos uma sensação particular, que não era só consolo e desforra do soco recebido naquele dia, mas também satisfação de um desejo íntimo, profundo, necessário. Sem ódio, disseram ainda algumas palavras de cama a cama, riram de uma ou outra lembrança da rua, até que o sono entrou com os seus pés de lã e bico calado, e tomou conta da alcova inteira[5].

5. Ed. cit., I, p. 900.

A PERFEIÇÃO BUSCADA E ALCANÇADA 165

E cumpre-se um destino de hostilidade. Suas vítimas são iguais na aparência física, no próprio ódio inconsciente e involuntário que sempre as levava à mesma escolha para dividi-las. Individualmente considerados, os dois são diferentes apenas em atitudes temperamentais de simulação e de impulsividade. Mas esta oposição seria uma forma de se completarem, como se fossem uma única personalidade. Contudo os contrastes necessários ao equilíbrio uno se bipartiram nas duas similitudes físicas. E a bipartição cria o clima hostil da acusação recíproca, cada um se sentindo incompleto ou roubado, por ser o símile, ou melhor, a imagem complementar do outro. Dada a impossibilidade da conciliação, para a composição ideal da individualidade una, eles jamais se harmonizam moral e afetivamente, enquanto o próprio desdobramento físico preserva o egoísmo que é a maneira de afirmação de cada indivíduo. Flora surgirá como espelho e vítima inconsciente desse conflito. E a configuração do mundo afetivo da jovem repousa no ideal amoroso da síntese dos dois irmãos. Mas como são duas realidades físicas distintas, o sentimento dela oscila na escolha que dependeria do reconhecimento da individualidade de cada um, de maneira mais inconsciente que consciente. A dolorosa oscilação involuntária, que a domina, leva-a finalmente ao delírio das visões, sem distinção possível entre ilusão e realidade. Sua morte se tornaria a vitória dela mesma, libertando-a, depois de cumprido o papel que a fatalidade lhe reservou.

Pode-se reconhecer outro esquema que explique, no plano definidamente psicológico, a personalidade de Flora. Para nós, porém, basta a explicação que lança o seu ser ao azar do destino, como elemento purificador na tragédia do ódio derivada da inconformidade do homem. Pura e inocente, se ela tinha dívida a pagar, como diria o Conselheiro Aires, seria apenas a de viver e a de amar, "não se sabe a quem, mas amar"[6]. E o Conselheiro

6. Ed. cit., I, p. 1009.

Aires seria o coro da tragédia insuspeita, enraizada nos domínios obscuros do inconsciente milenar, como o Padre Melchior o foi da fatalidade definida e tornada consciente de Helena, consistindo nisso a distinção substancial entre a concepção dos dois romances.

Na configuração do mundo machadiano, *Esaú e Jacó* justapõe-se a *Dom Casmurro*, como também a *Helena*. Coloca-se, todavia, acima do plano de investigação do conflito da verdade com a ilusão afetiva. Por outro lado, considerando-se em *Esaú e Jacó* a presença do Conselheiro Aires, desprende-se deste romance a perpendicular que incide em *Memorial de Aires*, assim como *Quincas Borba* sublinha *Memórias Póstumas de Brás Cubas* e *Dom Casmurro*. É a última investigação de Machado de Assis, em busca da perfeição humana, eliminadas as contradições, desencontros, insatisfações e vaidades, o que só poderia ser admitido pela aceitação de uma realidade estática e conseqüentemente desumanizada.

Ao chegar-se ao balanço final, a única fuga tida como possível, porque é a que se impõe irremediavelmente, é para o império da solidão e da incomunicabilidade. Contudo, o homem deve lutar contra esse império, para reconhecer-se a si mesmo em relação ao seu semelhante. E o faz com a força do amor ou com as armas sinuosas do poder e da glória. Na verdadeira posição machadiana, a única arma legítima é o amor, admitida a sua base moral. A outra pode lançar-nos ao abismo ou, mais freqüentemente, às formas inferiores da condição e do comportamento humanos. Mais ainda, como uma pode anular a outra, se não couber vitória à primeira, o derrotado inapelavelmente aceitará a própria solidão, que é também a posição daqueles que se isolam da luta. Mas, nesse caso, conciliado com a solidão, pode fazer-se superior, resguardado pela indiferença, reconhecendo no seu semelhante apenas o que for harmonia em comunhão com ilusão afetiva.

Complacentemente, aborrece tudo o mais, ainda que compreenda, tolere e se apiade, em respeito à verdade de cada um.

Não é outra a compreensão da condição humana, esboçada em *Esaú e Jacó*, através do Conselheiro Aires, tido aí como idealista. Este ressurgirá plenamente realizado e definido em *Memorial de Aires*. É por isso que consideramos secundário o que se diz do caráter autobiográfico deste último livro quanto ao próprio Machado de Assis, ainda que evoquemos em abono de semelhante opinião a correspondência do Autor com Mário de Alencar [7]. Realmente, Machado de Assis admite a observação do amigo de que o modelo da Dona Carmo, esposa de Aguiar, repousa na lembrança afetuosa e feliz da sua companheira de vida. Mais correto seria então admitir a projeção do romancista em Aguiar, completando e sugerindo o quadro da própria vida conjugal. Mas preferimos omitir tais aproximações e abstrair de vez a realidade do casal Aguiar, para compreendê-la como uma situação exemplar dentro da visão global da existência que o escritor investiga no conjunto de sua obra. A convicção íntima que ele amadurece, progressivamente, com raízes nos primeiros contos, crônicas, romances, converge para a posição superior do Conselheiro Aires. Ao final e definitivamente ele nos empresta o ângulo de visão daquele império da incomunicabilidade e da solidão e sugere a possibilidade de o homem conciliar-se com a sua própria condição.

Como uma decorrência desse empréstimo salvador que oferece o Conselheiro Aires, Machado de Assis nos faz retroceder a todos os aspectos e contingências da condição e do destino humanos, entrevistos nas obras anteriores. Podemos então repassar as duas coordenadas dominantes, a do amor e a do poder, através de múltiplas variações das misérias e grandezas, que escalonam

---

7. Ed. cit., III, pp. 1109 e 1111.

os homens. Completada a retomada dessa perspectiva, somos novamente remetidos ao *Memorial de Aires*. Oferta-se uma escolha, provavelmente a da reconciliação com a vida, enquanto a do escritor foi sempre esta mesma, de conciliação em harmonia com a compreensão cristã. Podemos desprezar, sem deixar de admitir, o ângulo de visão de Brás Cubas, para aceitar o do Conselheiro Aires sobreposto ao de Bentinho, qualquer que seja a linha divergente daquela bifurcação acima sugerida. O que avulta são as sugestões oferecidas no *Memorial de Aires* pelo casal Aguiar e pelo consórcio da viúva Fidélia com Tristão. O último é o começo que se dá ao fluir da ilusão, o primeiro é o seu ciclo já preenchido harmoniosamente. A este, contudo, resta uma única mágoa inconfessada, exatamente para não perturbar o equilíbrio do ciclo realizado, a saber, a de não ter filhos, o que se opõe à perspectiva de Brás Cubas. Em compensação, a harmonia da ilusão vivida e completada gera-lhe o consolo da "saudade de si mesmos"[8]. E nisso, vai um tributo à vida, repetimos, muito ao contrário de *Memórias Póstumas de Brás Cubas*.

Em apoio ao nosso esquema interpretativo, é curioso relembrar, finalmente, como os três romances – *Memórias Póstumas de Brás Cubas*, *Dom Casmurro* e *Memorial de Aires* – são escritos em primeira pessoa. Na forma memorialista com que se apresentam, em todos eles, respectivamente, o personagem-autor já se encontra no termo final da trajetória existencial. E os três romances correspondem assim aos três momentos das três conclusões fundamentais do escritor, para a confrontação das duas coordenadas – a do amor e a da glória – que se reduzem a uma perspectiva única. Esta terceira, que é a sugerida por *Memorial de Aires*, seria a da perfeição buscada e alcançada. É caracterizada no personagem-memorialista pela superior serenidade interior, repousada

---

8. Ed. cit., I, p. 1131.

no respeito, na compreensão e complacência. Entre a realidade e a ilusão, portanto, é possível encontrar o meio termo ideal que é o equilíbrio da vida afetiva com a vida moral. Igualmente é o único caminho reconhecido para a aceitação neutra das diversidades da condição humana, do evitável ao inevitável.

II

Reconsiderando a evolução da obra de Machado de Assis, verificamos que a primeira visão caleidoscópia que é sugerida, engloba, de maneira acentuada, sentimento e valores dominantes na sociedade da época. Contudo, nem então, nem depois, coloca o social em primeiro plano, apesar da freqüência de quadros e flagrantes de hábitos, usos, costumes, detalhes em suma, da paisagem física e social do Rio de Janeiro do Segundo Reinado à República. Mas são componentes importantes de suas obras – comédias, contos, crônicas e romances – notadamente na fase de formação, a chamada primeira fase, entrando na maturidade, até mais ou menos *Papéis Avulsos* de 1882, *Balas de Estalo* e *Bons Dias*, respectivamente de 1883-1885 e 1888-1889, *Memórias Póstumas de Brás Cubas*, de 1880, de maneira mais atenuada nas obra seguintes. Os dados da observação social preenchem, com destaque, as crônicas, assim como a visão moral da sociedade, em relação com a vida afetiva, incide nos contos, teatro e romance. O namoro, o casamento, o dote, a vida conjugal, a viuvez, a aventura galante, a riqueza do fazendeiro ou do comerciante, a escravidão, pobres e humildes, os requintes e as diversões da vida mundana, com recepções dançantes e o gosto do teatro, a moda, a política, referências à guerra do Paraguai, posteriormente à Abolição e à Proclamação da República, formação e ascensão da classe burguesa, a pseudo-aristocracia escravocrata, tudo se entrecruza. Concomitantemente, põe-se em evidência a defesa da base necessária à preservação da vida afetiva no lar, na família, na própria sociedade. E é dos quadros de proporções ainda reduzidas nas comédias, nos contos, e nas crônicas que ele chegará aos romances, com traços mais largos e acumulados. Por exemplo, mesmo nos limites ainda iniciais da sua formação, nos primeiros romances: *Ressurreição*, *A Mão e a Luva*, *Helena* e *Iaiá Garcia*. Com relação à crítica, através da qual apreciou a literatura anterior a ele, e ensaiou os primeiros passos no Romantismo, muito deve ou tudo deve à experiência desta atividade. E isso tanto do ponto de vista da técnica e da expressão quanto de preocupações, que reconheceu como necessárias à elevação e enobrecimento da arte.

Dos quatro romances iniciais de Machado de Assis, podemos dizer que o primeiro está para o segundo assim como o terceiro está para o quarto. Os dois primeiros ampliam recursos estruturais do conto e aproveitam sugestões de processos expressivos das crônicas. Não quer dizer que isso não se observe nos dois seguintes, porém com melhor adequação ao gênero. De qualquer forma, não só nos limites da fase experimental mas em toda a extensão da carreira literária de Machado de Assis, verifica-se sempre o entrosamento contínuo e aperfeiçoado entre recursos expressivos, processos de observação, análise e síntese, de gênero para gênero, ao mesmo tempo que tudo converge para o romance. Mas, se os romances indicados simplesmente ampliam características de contos e crônicas, posteriormente, os demais romances representam a soma, por justaposição e acumulação, das experiências expressivas e da riqueza temática de contos e crônicas, e até mesmo da poesia. Os seus romances resultarão, portanto, de um processo simultâneo de reflexão, fusão e síntese de outras experiências.

Em *Ressurreição*, o esquema da situação romanesca lança o ideal de felicidade conjugal contra a vida dissoluta. Aproxima, dessa maneira, intenções antagônicas, mas alimentadas por pessoas do mesmo nível social, num momento determinado de suas existências, erigido na categoria de decisivo para o destino de cada um. Sobre os caracteres esboçados e o comportamento do indivíduo, particularmente do protagonista principal, no plano da vida afetiva, recai inapelavelmente uma sentença. *A Mão e a Luva* aproxima protagonistas de níveis sociais ou de origens diferentes. Da humildade digna, à sombra da pseudo-aristocracia da época, ascende-se a esta posição social elevada, ao mundo rutilante da política, dos teatros e salões da época. Resguarda-se a unidade moral e afetiva do núcleo familiar, ajustando-se o ideal de cada jovem à vida conjugal.

Em *Helena*, os protagonistas exprimem certo desnível social que deriva antes da violação do fundamento do ideal afetivo. Quem provoca tal ruptura, lança-se ao perigo da corrente da dissolução, será envolvido pela censura ou cairá numa espécie de ostracismo voluntário, uma solidão autopunitiva. E, concomitantemente, correlacionado o destino individual com os padrões e valores sociais, reconhece-se uma espécie de culpa hereditária, ou a culpa que rebate em terceiros, em conseqüência do processo de encadeamento de responsabilidades do indivíduo com a sociedade. A família não chega a lutar com o indivíduo dissoluto, apesar de ferida por ele. Nos termos indicados, porém, sendo amparada pela estrutura social, a família se impõe e é preservada. O Autor se faz moralista e amplia bastante os seus horizontes, indo além de fronteiras limitadas por aplicação de máximas exemplares. Em conseqüência, alarga também os limites existenciais e os elementos que compõem a atmosfera que envolve não um momento determinado ou culminante, mas o destino dos protagonistas. A dimensão interior de cada um ganha agora certa densidade.

Iaiá Garcia é o quarto e último romance da fase em que o escritor procura enriquecer a primeira visão diversificada do comportamento e da condição humana. É o mais bem estruturado de todos. Podemos dizer que sintetiza e equilibra os recursos da composição com os temas, com as situações selecionadas, esboços de caracteres e componentes da paisagem física e social, utilizando melhor a experiência dos romances anteriores e de outras formas. Sobretudo, completa a cunhagem da face da moeda que indica o preço das aspirações humanas. O anverso será visto depois. E nesse caso, a face corresponde ao amor, o anverso, à glória, segundo termos propostos pelo próprio Machado de Assis. Por outro lado, temos as nossas dúvidas quanto à maior ou menor concessão que, em *Iaiá Garcia*, o escritor faz ao esquema estrutural do romance da época. É o arremate de uma experiência criticamente consciente. A sua forma e maneira de ser definitivas, encontram aí elementos latentes ou claramente disseminados, possibilitando a sondagem subseqüente e que será o anverso daquela moeda cobiçada. A síntese final se apoiará num ângulo de visão eqüidistante em relação a esses contrários. Será ao mesmo tempo superior à condição humana da mediania ou da vulgaridade.

Escritos em pleno fastígio do Romantismo, os quatro primeiros romances de Machado de Assis agitam no bojo componentes renovadores e inovadores do gênero, no qual o escritor encontraria a forma definitiva e penetrante de comunicação com o homem. Por isso mesmo é que desde as primeiras páginas já se vislumbra a revelação de uma personalidade de escritor marcantemente voltada para a análise, para a reflexão, num diálogo constante com a especulação, progressivamente aprofundada. Tornam-se evidentes ou conseqüentes aquela vigilância autocrítica tantas vezes referida e o esforço de totalização de todas as formas cultivadas numa forma renovada e única, que é o próprio romance machadiano. Mas, ainda por enquanto, o escritor tateia, à semelhança do que se verifica nos contos correspondentes. Po-

A PERFEIÇÃO BUSCADA E ALCANÇADA 173

deríamos acumular exemplos vários de primarismo de composição, de incidências freqüentes no romanesco, de esclarecimentos, justificativas e advertências redundantes. Antes de censurá-lo por isso, o que vemos é a vontade incontida de romper a pressão que modelos contemporâneos exerciam sobre os que iniciavam. Nos contos, conforme já apreciamos, como nos romances da fase principiante, alternam verdadeiros lances romanescos, gritos e desmaios, com restrições e mesmo ridicularização de situações e passos freqüentes da literatura romântica.

E nos romances que datam de 1880 em diante – *Memórias Póstumas de Brás Cubas, Quincas Borba, Dom Casmurro, Esaú e Jacó* e *Memorial de Aires*, – a obra de Machado de Assis se faz pautada pela fusão perfeita da reflexão com a análise. É essa característica, reinsistimos, que tanto singulariza a obra do narrador. Ela deriva diretamente das experiências anteriores do crítico, do cronista, comediógrafo, mesmo poeta, com incidência nos contos e romances. A obra do cronista destaca-se como um arco unificador de toda a sua trajetória. Ou por outra, é, como dissemos, a coordenada principal, definidora de sua unidade. Notadamente através dela é que o escritor depura a linguagem e atinge a sutileza do riso, oscilando da galhofa à gravidade, de braço dado com a leitura literária, filosófica e dos *Testamentos*. Quando apreende, de maneira a unificá-las, as dimensões heterogêneas e irregulares da condição humana, sente a necessidade, na obra de ficção, de ampliar a análise dos caracteres, até então limitada por um esquema reduzido de conduta. Passa a investigar, a esmiuçar, a catar a multiplicidade de facetas do comportamento humano, a partir do individual, esboçando assim uma nova realidade no plano psicológico e metafísico. Então se processa de maneira definitiva aquela fusão perfeita da reflexão com a análise.

Resulta de tudo o desejo de apreender o todo da condição humana. Dissemos que a formação do escritor o conduz no sen-

174 REALIDADE E ILUSÃO EM MACHADO DE ASSIS

tido de valorizar o amor como objetivo precípuo da existência. Contudo, sob a sugestão de pensadores, como Erasmo e Schopenhauer, busca outra dimensão dos impulsos do comportamento ao reconhecer sua derrocada. Mas verá que uma coisa não elimina a outra. Na verdade ele justapõe ao primeiro ângulo de visão – o que entrevê as ilusões –, um segundo, através do qual esmiúça as diversas manifestações decorrentes da aspiração à glória ou ao poder. Com um e outro, conforme já sugerimos, estabelecerá finalmente uma média, que resultará num terceiro ângulo de visão. Daí o sentido daquela sua sentença, de que "alguma coisa escapa ao naufrágio das ilusões", ainda de romance da fase inicial, mas que só se explica plenamente na maturidade.

Chegando à utilização do segundo ângulo de visão, que busca apreender o sentido global do outro lado da conduta humana, o do naufrágio das ilusões, o escritor se convenceria, definitivamente, de que no romance encontraria sugestões para a forma mais adequada de comunicar a sua visão da existência. Daí porque, cada vez mais, tudo o que escreve converge para a obra do romancista. Mas, como também já foi observado, obra de romancista que se reveste de características singulares, ou seja, inovadoras e renovadoras. Nesse caso, colocam-se em primeiro plano os romances *Memórias Póstumas de Brás Cubas*, *Dom Casmurro* e *Memorial de Aires*. Nos dois primeiros, sublinhados por *Quincas Borba*, utiliza de maneira absoluta em um, apenas com ênfase no outro, o segundo ângulo de visão acima definido; no último romance, *Memorial de Aires*, prefaciado por *Esaú e Jacó*, utiliza o terceiro ângulo. Tanto no primeiro, como no segundo grupo, verifica-se o desdobramento dos ângulos de visão propostos.

Por outro lado, a leitura que ele acumula contribui para enriquecer o seu discernimento e senso de equilíbrio a favor da afirmação da personalidade de escritor. São conhecimentos que nos advertem sobre o reconhecimento da cronologia de aquisições, com referências textuais particularmente a obras que alimentam a tradição da língua. Datam desde o século XVI, quando o impressionam, de maneira decisiva, Bernardim Ribeiro, Camões, Fernão Mendes Pinto, Sá de Miranda. No século XVII, encontra-se com Dom Francisco Manuel de Melo, daí passando pelo Barroco e pelo Arcadismo, ao mesmo tempo que conhece os moralistas e grandes figuras de outras literaturas, como Shakespeare, Molière, Racine, Corneille, Sterne, Xavier de Maistre, até as *Mil e Uma Noites*. Se descobre a tradição greco-latina, na literatura e no pensamento, opõe-lhe a fonte do espírito cristão, fazendo dos *Testamentos* uma leitura freqüente. Tudo isto – sem falar na iniciação no pensamento ocidental, com Erasmo, Kant, Schopenhauer, Renan e outros, além do psicológico – pode ser rastreado nas páginas que escreveu. Sua facilidade incontestável de rápida assimilação o levou a utilizar imediatamente as sugestões selecionadas de tais fontes. Para mencionar só o romance e o conto, freqüentemente encontramos aí citações diretas e indiretas, além das alusões, como corolário a suas reflexões e análises. E tanto as utiliza com humor, quanto com discreta gravidade. Alguns exemplos podem ser revistos em transcrições anteriores. Não há dúvida de que o entrosamento da experiência intelectual com a experiência humana e a reflexão foram fatores poderosos da qualificação machadiana da sua própria obra, afirmação de traços muito peculiares do seu espírito, atuantes em toda a sua trajetória.

No procedimento do crítico, podemos reconhecer as reações de Machado de Assis leitor e por extensão a posição do escritor. Ponderado até a timidez, ele não se preocupa com o problema da filiação da obra e do autor nesse ou naquele estilo, desde que não haja limitação e sectarismo. Daí a justa e equilibrada posição que assume em face dos estilos literários passados e presentes, confessando-se eclético, acima dos ditames, das normas limitadoras, dos princípios aprisionados pelo gosto exclusivo e transitório de cada época, em particular da própria época em que viveu. Com a orientação que se impôs como crítico e, natural e conseqüentemente, como romancista, não poderia ser adepto intransigente de qualquer estilo, sobretudo o Realismo-Naturalismo, como deste o foram Aluísio Azevedo, Inglês de Sousa, Eça de Queirós, para mencionar escritores da mesma língua. De qualquer forma, ainda que Machado de Assis seja estudado em relação com as preferências então em voga, ele assoma como um autêntico escritor de sua época, portador de fecunda e inconfundível originalidade. Graças essencialmente à própria formação intelectual, feita sob vigilância crítica, ele possibilitou a si mesmo harmonizar a herança do passado com as contribuições positivas do presente, com base na sociedade em que viveu. Voltado para o reconhecimento da contemporaneidade, deu-se ao mesmo tempo aos temas universais. Fez-se um clássico, fiel à reflexão que ele mesmo escreveu nos seguintes termos:

> [...] O que se deve exigir do escritor, antes de tudo, é certo sentimento íntimo, que o torne homem do seu tempo e do seu país, ainda quando trate de assuntos remotos no tempo e no espaço. Um notável crítico da França, analisando há tempos um escritor escocês, Masson, com muito acerto dizia que do mesmo modo que se podia ser bretão sem falar sempre do tojo, assim Masson era bem escocês, sem dizer palavra do cardo, e explicava o dito acrescentando que havia nele um *scotticismo* interior, diverso e melhor do que se fora apenas superficial[9].

Mas o que assoma, definitivamente, é o fato de toda a obra de Machado de Assis colocar na mira das cogitações a pessoa humana, a partir da investigação do destino de cada uma. Apóia-se numa visão esclarecida pelo sentimento cristão que deriva dos *Evangelhos*, para não reinsistir na sugestão marcante dada

---

9. Ed. cit., II, p. 817. T. S. Eliot propõe conceito idêntico.

pelos *Testamentos* em geral, tão freqüentemente referidos em função do riso ou da reflexão. Em tais fontes é que se reafirmam, já fundidas, as linhas unificadoras do pensamento machadiano. Atravessam do princípio ao fim a acumulação progressiva da experiência humana e intelectual do escritor, nas suas variadas sondagens. Sejam consideradas no seu significado metafísico ou ao lado de intuições psicológicas surpreendentes. Uma coisa e outra são pensadas sem contradição. Justapõem-se, sugerindo a complexidade das condições fundamentais da existência. Isso, naturalmente, até onde o pensador pôde alcançar. Passaria através de entrelaçamentos para acentuar a repetição incessante sob aparências de renovação. Respondiam às insatisfações humanas.

Bibliografia Essencial *

I – Bibliografia das Bibliografias

CARPEAUX, Otto Maria. *Pequena Bibliografia Crítica da Literatura Brasileira*, 2. ed. Rio de Janeiro, Instituto Nacional do Livro, 1955; *idem*, 3. ed., Rio de Janeiro, Letras e Artes, 1964.

Exposição Machado de Assis (1839-1939). Rio de Janeiro, Ministério da Educação e Saúde, 1939 (documentação bibliográfica, fac-símiles de cartas, fotografias, bibliografia).

MOTA, Artur. "Machado de Assis". *Revista da Academia Brasileira de Letras*. Rio de Janeiro, março de 1934, n. 147, vol. 44, ano 25, pp. 320-352.

SOUSA, J. Galante de. *Bibliografia de Machado de Assis*. Rio de Janeiro, Instituto Nacional do Livro, 1955.

_____. *Fontes para o Estudo de Machado de Assis*. Rio de Janeiro, Instituto Nacional dò Livro, 1958.

II – Bibliografia do Autor (edições citadas e utilizadas, sem mencionar as edições básicas, de vida do autor)

1º) *Obras Completas*. Rio de Janeiro, Editora José Aguilar Ltda., 1959, 3 vols. Contém:

---

*. Mantemos a mesma bibliografia da 1ª ed. (1969).

volume I – Romance: *Ressurreição* (1872), *A Mão e a Luva* (1874), *Helena* (1876), *Iaiá Garcia* (1878), *Memórias Póstumas de Brás Cubas* (1880-1881), *Quincas Borba* (1891), *Dom Casmurro* (1899), *Esaú e Jacó* (1904), *Memorial de Aires* (1908). Fora do texto: "Nota Editorial" de A. C. (Afrânio Coutinho), pp. IX-XIV; "O Texto da Presente Edição", J. Galante de Sousa, pp. XV-XVIII; "Esboço Biográfico", Renard Pérez, pp. XIX-XXXVI; "Breve Cronologia da Vida e da Obra", pp. XXVII-XXVIII; "Reportagem Iconográfica", s.n.; "O Romancista", Barreto Filho, pp. 3-28; "Notas Especiais Relativas à Fixação do Texto", J. G. S., pp. 1135-1138.

volume II – Conto e teatro: *Contos Fluminenses* (1872), *Histórias da Meia-noite* (1873), *Papéis Avulsos* (1882), *Histórias sem Data* (1884), *Várias Histórias* (1896), *Páginas Recolhidas* (1899), *Relíquias de Casa Velha* (1906), *Outros Contos*; *Tu Só, Tu, Puro Amor...* Comédia (1880), *Não Consultes Médico* (1896-1897), *Lição de Botânica* (1906). Fora do texto: "Nota Editorial", A. C., s.n.; "Machado de Assis, Contador de Histórias", Mário Matos, pp. 11-24; "O Teatrólogo", Mário de Alencar, pp. 1097-1099; "Apêndice – Notas Especiais Relativas à Fixação do Texto", pp. 1155-1167.

volume III – *Poesia, Crônica, Crítica, Miscelânea e Epistolário: Poesias Completas (Crisálidas – 1864, Falenas – 1870, Americanas – 1875, Ocidentais – 1901); Poesias Coligidas (de 1864-1875); História de Quinze Dias (1876-1877); Notas Semanais (1878); Balas de Estalo (1883-1886); Bons Dias (1888-1889); A Semana (1892-1897); Crítica (1858-1906); Miscelânea (1859-1904); Epistolário (1862-1908)*. Fora do texto: "Nota Editorial", A. C., pp. V-VII; "Machado de Assis na Literatura Brasileira", Afrânio Coutinho, pp. IX-LVI; "O Testamento Estético de Machado de Assis", Eugênio Gomes, pp. LVII-LXXXIV; "O Poeta", Manuel Bandeira, pp. 3-6; "Machado de Assis, o Crítico", Tristão de Ataíde, pp. 793-797; "Um Machado Diferente", A. C., pp. 1041-1042; "Apêndice-Notas Especiais Relativas à Fixação do Texto – Censo de Personagens – Repertório Geral de Nomes Próprios – Registro de Logradouros do Rio de Janeiro – Relação Cronológica dos Contos – Bibliografia", pp. 1121-1220.

2º) *Obras Completas*. Rio de Janeiro, W. M. Jackson Inc. Editores, 1955. Compreendem:

1. *Ressurreição*; 2. *A Mão e a Luva*; 3. *Helena*; 4. *Iaiá Garcia*; 5. *Memórias Póstumas de Brás Cubas*; 6. *Quincas Borba*; 7. *Dom Casmurro*; 8. *Esaú e Jacó*; 9. *Memorial de Aires*; 10 e 11. *Contos Fluminenses*; 12. *Histórias da Meia-noite*; 13. *Histórias Românticas*; 14. *Papéis Avulsos*;

BIBLIOGRAFIA ESSENCIAL 181

15. *Histórias sem Data*; 16. *Várias Histórias*; 17. *Páginas Recolhidas*; 18 e 19. *Relíquias de Casa Velha*; 20-21-22 e 23. *Crônicas*; 24-25 e 26. *A Semana*; 27. *Poesias*; 28. *Teatro*; 29. *Crítica Literária*; 30. *Crítica Teatral*; 31. *Correspondência*.

3º) Edições de dispersos e antologias:

1. *Contos sem Data*. Rio de Janeiro, Editora Civilização Brasileira, 1956. Organização e prefácio de R. Magalhães Júnior.
2. *Contos Avulsos, ibidem, idem, idem*.
3. *Contos Esparsos, ibidem, idem, idem*.
4. *Contos Esquecidos, ibidem, idem, idem*.
5. *Contos Recolhidos, ibidem, idem, idem*.
6. *Diálogos e Reflexões de um Relojoeiro*. Escritos de 1886 ("A + B"), de 1888 e 1889 ("Bons Dias"), recolhidos da *Gazeta de Notícias*. *Ibidem, idem, idem*.
7. *Crônicas de Lélio, ibidem*, 1958, *idem*.
8. *Contos e Crônicas, ibidem, idem, idem*.
9. *Poesia e Prosa, ibidem*, 1957. Organização e notas de J. Galante de Sousa.
10. "Semana Literária". *Revista do Livro* (Órgão do Instituto Nacional do Livro), Rio de Janeiro, Ministério da Educação e Cultura, n. 11, ano III, setembro, 1958, pp. 185-206.
11. *Machado de Assis Romancista* (Seleção, prefácio e notas de Armando Correia Pacheco), Washington, União Pan-Americana, 1949.
12. *Histórias Reais* (Introdução e seleção de Fernando Góis), S. Paulo, Cultrix, 1958.
13. *Machado de Assis – Romance* (Seleção e apresentação de Gustavo Corção), Rio de Janeiro, Agir, Coleção "Nossos Clássicos".
14. *Machado de Assis – Crítica* (Seleção e apresentação de José Aderaldo Castello), *ibidem*, 1959, *idem*.
15. *Machado de Assis – Teatro* (Seleção e apresentação de Joel Pontes), *ibidem*, 1960, *idem*.
16. *Machado de Assis – Crônicas* (Seleção e apresentação de Eugênio Gomes), *ibidem*, 1963, *idem*.
17. *Machado de Assis – Contos* (Seleção e apresentação de Eugênio Gomes), *ibidem, idem*.
18. "Machado de Assis" (Apresentação e seleção *in Presença da Literatura Brasileira* – História e Antologia de Antonio Candido e José Aderaldo Castello), S. Paulo, Difusão Européia do Livro, 1964, vol. 2, pp. 131-167.

182   REALIDADE E ILUSÃO EM MACHADO DE ASSIS

III – Bibliografia sobre o Autor, Essencial e Fundamental ao Presente Ensaio

ABREU, Modesto. *Biógrafos e Críticos de Machado de Assis*. Rio de Janeiro, Academia Carioca de Letras, 1939.

ALENCAR, Mário de. "O Teatrólogo". *Obras Completas*. M. A. Aguilar, *loc. cit.*

ANDRADE, Mário de. *Aspectos da Literatura Brasileira*. Rio de Janeiro, Americ-Edit., 1943, pp. 119-143.

ARANHA, Graça. *Machado de Assis e Joaquim Nabuco*. São Paulo, Monteiro Lobato e Cia., 1923.

ATAÍDE, Tristão, v. LIMA, Alceu Amoroso.

BARRETO FILHO, J. *Introdução a Machado de Assis*. Rio de Janeiro, Agir, 1947.

_____. "Machado de Assis". *A Literatura no Brasil*. Direção de Afrânio Coutinho. Rio de Janeiro, Livraria São José, 1955, vol. 2, pp. 71-106.

BELO, José Maria. *Retrato de Machado de Assis*. Rio de Janeiro, A Noite, 1952.

BROCA, Brito. *Machado de Assis e a Política e Outros Estudos*. Rio de Janeiro, Organização Simões, 1958.

CALDWELL, Helen. *The Brazilian Othello of Machado de Assis – A Study of Dom Casmurro*. Berkeley and Los Angeles, University of California Press, 1960.

CÂMARA JR., J. Matoso. *Ensaios Machadianos*. Rio de Janeiro, Livraria Acadêmica, 1962.

CARDOSO, Wilton. *Tempo e Memória em Machado de Assis*. Belo Horizonte, 1958.

CORÇÃO, Gustavo. *O Desconcerto do Mundo*. Rio de Janeiro, Agir, 1965, pp. 79-157.

COUTINHO, Afrânio. *A Filosofia de Machado de Assis e Outros Ensaios*, 2. ed. Rio de Janeiro, Livraria São José, 1959.

_____. "Machado de Assis na Literatura Brasileira". *Obras Completas*. M. A. Aguilar, *loc. cit.*

GOMES, Eugênio. *Influências Inglesas em Machado de Assis*. Salvador, Tip. Regina, 1939.

_____. *Espelho Contra Espelho*. São Paulo, Ipê, 1959.

_____. *Prata de Casa*. Rio de Janeiro, A Noite, 1953.

_____. *Machado de Assis*. Rio de Janeiro, Livraria São José, 1958.

_____. "O Testamento Estético de Machado de Assis". *Obras Completas*. M. A. Aguilar, *loc. cit.*

_____. *O Enigma de Capitu*. Rio de Janeiro, José Olympio, [1967].

BIBLIOGRAFIA ESSENCIAL 183

HOLANDA, Aurélio Buarque de. "Linguagem e Estilo de Machado de Assis". *Revista do Brasil*, 3ª fase. Rio de Janeiro, n. 13 e 14, julho e agosto, 1939, pp. 54-70 e 16-34.

LIMA, Alceu Amoroso. *Três Ensaios sobre Machado de Assis*. Rio de Janeiro, P. Bluhm, 1941.

_____. "Machado de Assis, o Crítico". *Obras Completas*. M. A. Aguilar, *loc. cit.*

MAIA, Alcides. *Machado de Assis – Algumas Notas sobre o Humor*. Rio de Janeiro, Jacinto Silva, 1912.

MATOS, Mário. *Machado de Assis – O Homem e a Obra – Os Personagens Explicam o Autor*. S. Paulo, Editora Nacional, 1939.

_____. "Machado de Assis, Contador de Histórias". *Obras Completas*. M. A. Aguilar, *loc. cit.*

MEYER, Augusto. *Machado de Assis*, 3. ed. Rio de Janeiro, Livraria São José, 1959.

MIGUEL-PEREIRA, Lúcia. *Machado de Assis – Estudo Crítico e Biográfico*, 3. ed. S. Paulo, Editora Nacional, 1946.

MONTELLO, Josué. *O Presidente Machado de Assis*. São Paulo, Martins, 1961. (V. também *Estampas Literárias*, pp. 74-79; 120-127; *Histórias da Vida Literária*, pp. 143-157; *Santos de Casa – Estudos Literários*, pp. 39-70.)

MOREIRA, Thiers Martins. *Quincas Borba ou o Pessimismo Irônico*. Rio de Janeiro, Livraria São José, 1964.

PÉREZ, Renard. "Esboço Biográfico". *Obras Completas*, M. A. *loc. cit.*

PONTES, Joel. *Machado de Assis e o Teatro*. Rio de Janeiro, Serviço Nacional do Teatro, 1960.

RIEDEL, Dirce Corte. *O Tempo no Romance Machadiano*. Rio de Janeiro, Livraria São José, 1959.

Revista do Livro, n. 11, ano III, setembro, 1958 (Órgão do Instituto Nacional do Livro) – Edição comemorativa do cinqüentenário da morte de Machado de Assis. Contém: de Augusto Meyer – "De Machadinho a Brás Cubas"; Lúcia Miguel-Pereira, "Relações de Família na Obra de Machado de Assis"; Eugênio Gomes, "O Microrrealismo de Machado de Assis"; Brito Broca, "Na Década Modernista: Machado de Assis 'au dessus de la mêlée'"; Peregrino Júnior, "Biografia de um Livro sobre Machado de Assis"; Franklin de Oliveira, "O Artista em sua Narração – A Fortuna Crítica de Machado de Assis: 1912-1958"; Astrogildo Pereira, "Consciência Nacional de Machado de Assis"; Nelson Werneck Sodré, "Posição de Machado de Assis"; J. Matoso Câmara Jr., "Machado de Assis e *O Corvo* de Edgard Poe"; M. Cavalcânti Proença, "Duelos y quebrantos"; Hersília Ângelo, "Análise Literária: 'A Carolina'"; R. Magalhães Júnior, "Machado de Assis e Charles Lamb"; Lêdo Ivo, "O Mar e o Pirilampo"; Augusto Fragoso, "Achegas à Bibliografia Machadiana"; J. Galante de Sousa, "Cronologia de Machado de Assis"; Augusto Fragoso, "Arquivo Machadiano"; Melo Nóbrega, "Uma Carta de Machado de Assis em Julho de 1908"; e outros.

Obras do Autor

Gonçalves de Magalhães – Introdução, seleção e notas. São Paulo, Editora Assunção Ltda., 1946.

A *Polêmica sobre "A Confederação dos Tamoios"* – Críticas coligidas e precedidas de uma introdução. São Paulo, Faculdade de Filosofia, Ciências e Letras – USP, Secção de Publicações, 1953.

Homens e Intenções. São Paulo, Conselho Estadual de Cultura – Comissão de Literatura, 1959.

Machado de Assis – Crítica. Rio de Janeiro, Livraria Agir Editora, 1959 (Coleção *Nossos Clássicos*) (2. ed., 1963).

Aspectos do Romance Brasileiro. Rio de Janeiro, Ministério da Educação e Cultura, Serviço de Documentação, 1961.

Textos que Interessam à História do Romantismo no Brasil – Vol. 1. São Paulo, Conselho Estadual de Cultura – Comissão de Literatura, 1961.

Antologia do Ensaio Literário Paulista. São Paulo, Conselho Estadual de Cultura – Comissão de Literatura, 1961.

José Lins do Rêgo – Modernismo e Regionalismo. São Paulo, Edart, 1961.

Gonçalves de Magalhães – Trechos Escolhidos. Rio de Janeiro, Livraria Agir Editora, 1961 (Coleção *Nossos Clássicos*).

A Literatura Brasileira, I – Manifestações Literárias da Era Colonial (1500-1808-1836). São Paulo, Editora Cultrix, 1962 (4. ed. cf. 2. ed. revista e aumentada, 1969).

Textos que Interessam à História do Romantismo no Brasil – Vol. II. São Paulo, Conselho Estadual de Cultura – Comissão de Literatura, 1963.

Maciel Monteiro – Poesias. São Paulo, Conselho Estadual de Cultura – Comissão de Literatura, 1963.

José Bonifácio, o Velho. Rio de Janeiro, Livraria Agir Editora, 1984.

Colaborações in A Literatura no Brasil, obra planejada e dirigida por Afrânio Coutinho.

Em colaboração com Antonio Candido – *Presença da Literatura Brasileira*. São Paulo, Difusão Européia do Livro, 1964, 3 vols. (3. ed., 1968).

Método e Interpretação. São Paulo, Conselho Estadual de Cultura – Comissão de Literatura, 1965.

O Movimento Academicista no Brasil – 1641-1820-1822, vol. I, t. 1 a 6; vol. II, t. 1 e 2; vol. III, t. 1 a 6. São Paulo, Conselho Estadual de Cultura, 1969-79.

A Literatura Brasileira: Origens e Unidade. São Paulo, Edusp, 1999.

Título	*Realidade e Ilusão em Machado de Assis*
Autor	José Aderaldo Castello
Produção Editorial	Aline Sato
Capa	Gustavo Marchetti
Editoração Eletrônica	Gustavo Marchetti
Revisão de Texto	Aristóteles Angheben Predebon
Formato	14 x 21 cm
Tipologia	Minion
Papel	Pólen Soft 80 g/m² (miolo)
	Cartão Supremo 250 g/m² (capa)
Número de Páginas	192
Impressão e Acabamento	Bartira Gráfica